LIDERAZGO
CON ALMA

Editor original:
JOHN WILEY & SONS, INC.

Título original:
LEADING WITH SOUL

Traducción:
ROSA EVELIA SOLÓRZANO
y FEDERICO VILLEGAS de la Tercera Edición Revisada

Diseño de tapa:
EL OJO DEL HURACÁN®

LEE G. BOLMAN
TERRENCE E. DEAL

LIDERAZGO
CON ALMA

Un viaje inolvidable del espíritu

Tercera Edición Revisada

GRANICA

BUENOS AIRES - BARCELONA - MÉXICO - SANTIAGO - MONTEVIDEO

© 2011 *by* John Wiley & Sons, Inc.
© 2013 *by* Ediciones Granica S.A.

ARGENTINA
Ediciones Granica S.A.
Lavalle 1634 3° G / C1048AAN Buenos Aires, Argentina
Tel.: +54 (11) 4374-1456 Fax: +54 (11) 4373-0669
granica.ar@granicaeditor.com
atencionaempresas@granicaeditor.com
MÉXICO
Ediciones Granica México S.A. de C.V.
Valle de Bravo N° 21 El Mirador Naucalpan Edo. de Méx.
(53050) Estado de México - México
Tel.: +52 (55) 5360-1010 Fax: +52 (55) 5360-1100
granica.mx@granicaeditor.com
URUGUAY
Ediciones Granica S.A.
Scoseria 2639 Bis
11300 Montevideo, Uruguay
Tel: +59 (82) 712 4857 / +59 (82) 712 4858
granica.uy@granicaeditor.com
CHILE
granica.cl@granicaeditor.com
Tel.: +56 2 8107455
ESPAÑA
granica.es@granicaeditor.com
Tel.: +34 (93) 635 4120

www.granicaeditor.com

GRANICA es una marca registrada
ISBN 978-950-641-776-5
Hecho el depósito que marca la ley 11.723
Impreso en Argentina. *Printed in Argentina*

Bolman, Lee G.
   Liderazgo con alma : un viaje inolvidable del espíritu /
Lee G. Bolman y Terrence E. Deal.
 1a ed. - Buenos Aires : Granica, 2013.
   224 p. ; 22x15 cm.

   ISBN 978-950-641-776-5

   1. Liderazgo. 2. Administración de Empresas. I. Deal,
Terrence E. II. Título.
   CDD 658.409 2

Para

Barry Edwin Deal
17 de agosto, 1959 - 28 de noviembre, 1964

Eldred Ross Bolman
3 de marzo, 1914 - 4 de mayo, 1985

ÍNDICE

PRÓLOGO

EN BUSCA DEL ALMA
Y DEL ESPÍRITU

Todo el día pienso en ello, y por la noche lo digo.
¿De dónde he venido, y qué se supone que debo hacer?
No tengo idea.
Mi alma es de otro lugar, de eso estoy seguro,
y quiero terminar allí.

Jalal ad-Din Muhammad Rumi,
músico y poeta persa del siglo XIII

Alma. Espíritu. Estas palabras a veces suenan extrañas a los oídos modernos. Pocas veces pensamos o hablamos acerca de dónde venimos o qué vamos a hacer aquí. Pero el alma y el espíritu son compañeros vitales cada vez que nos preguntamos qué es la vida y a dónde nos conduce nuestro camino. Este libro le invita a emprender un viaje en busca del significado y el propósito en un mundo que se ha vuelto loco. En los últimos años, hemos sido impactados por una conmoción psíquica tras otra. El horror del 11 de setiembre y la era de perpetuo terror que ha marcado. El efecto invernadero, el espectro de que la energía que usamos para abastecer a la civilización puede finalmente desaparecer. Una serie de escándalos empresariales –los de las compañías Enron, WorldCom y AIG; el protagonizado por el banquero Bernard Madoff con la firma que llevaba su nombre; el derrame de crudo de British Petroleum; la debacle de las hipotecas subprime*, y mucho más– hacen difícil no creer que los líderes empresariales sean pigmeos morales cortos de miras. El colapso económico de 2008 ha desvanecido las esperanzas de las personas en todo el mundo, y ha dejado a millones obsesionadas por el temor y la inseguridad económica. Un mundo a la deriva y fuera de control clama por la fe, la esperanza y la acción inspirada.

El objetivo de este libro es responder a esa acuciante necesidad de esclarecimiento y liderazgo. Esta es una guía para el camino que necesitamos seguir a fin de encontrar las respuestas a preguntas que ninguno de nosotros puede eludir. ¿A qué podemos aferrarnos? ¿Dónde encontramos una base sólida? ¿Cómo podemos crear una vida mejor y un mundo mejor? Cuando cada uno de nosotros se sumerja en las profundidades de su ser, encontrará el alma, un sentido firme de la identidad y un significado: quiénes somos, qué nos importa y para qué estamos aquí. Además, descubriremos el espíritu, un sentido universal transcendente de la unicidad.

El alma y el espíritu se relacionan del mismo modo que las cumbres y los valles, que el macho y la hembra. Están íntimamente conectados. Uno necesita del otro. Los dos están tan interconectados que las palabras se usan a menudo con el mismo significado, pero hay una distinción importante. El alma es personal y única, y tiene su fundamento en las profundidades de la experiencia individual. El espíritu es transcendente y abarca todo. Es la fuente universal, la unión de todas las cosas. Los fieles de todas las grandes religiones del mundo, lo llaman Alá, Brahma, Buda, Dios o Jehová.

---

* Modalidad crediticia del mercado financiero de los EE.UU., que se caracteriza por tener un nivel de riesgo de impago superior a la media del resto de créditos. (N. del T.)

Otros encuentran esta fuente en el amor, la naturaleza, la humanidad, la magia o un sentido inefable de la unión con el cosmos. Un indicio de la universalidad del espíritu es su reiterada manifestación como una fuente central de poder y de posibilidad en muchas de las películas más populares de la historia. En *La guerra de las galaxias* se lo llama "la fuerza", en *El señor de los anillos* es "el único", el creador remoto, Eru Ilúvatar. En *Matrix*, "el único" es personificado como Neo. En *Avatar*, como en muchas tradiciones culturales, el espíritu es panteísta: Dios está en todo.

El alma y el espíritu tienen sus raíces en la esperanza y la fe: las cosas en las que creemos, aun cuando no puedan ser demostradas. La esperanza es la fe que se pierde en último lugar, la obstinada creencia en las nuevas posibilidades y en un mejor mañana. Muy a menudo, los padecimientos de hoy nos producen en un vacío existencial. Tenemos la inquietante sensación de que en alguna parte a lo largo del camino nos perderemos. Trabajamos con más empeño que nunca, pero no estamos realmente seguros de por qué lo hacemos. Sentimos un vago vacío mientras vivimos alocadamente la existencia, con la esperanza de poder escapar si seguimos corriendo. En el fondo, tenemos miedo de perder la carrera. La necesidad de volver a infundir vida en el trabajo con el espíritu, la pasión y el entusiasmo es más grande que nunca. "Cuando millones de norteamericanos llegan a su lugar de empleo, la desafortunada realidad es que muchos ven su ambiente de trabajo, no como una oportunidad, sino como un lugar de padecimiento banal".[1] En 2009, la satisfacción laboral entre los trabajadores norteamericanos alcanzó el más bajo nivel jamás registrado. "Esto expresa algo inquietante acerca del trabajo en los Estados Unidos. No se trata del

---

1. Virgil H. Adams (III), C. R. Snyder, Kevin L. Rand, Elisa Ann O'Donnell, David R. Sigmon, y Kim M. Pulvers: "Hope in the Workplace", publicado en Robert A. Giacalone y Carole L. Jurkiewicz: *Handbook of Workplace Spirituality and Organizational Performance*, Armonk, Nueva York, Sharpe, 2010.

ciclo empresarial ni de una generación disconforme", dice Linda Barrington de la Conference Board, que patrocinó la encuesta. Nuestro malestar espiritual y el anhelo de algo más deben ser compensados con el espíritu y la fe. Estos son los dones que los líderes con alma aportan a las organizaciones.

La senda espiritual

La exploración del alma y del espíritu es una búsqueda de profundidad, de significado y de fe, que trasciende las fronteras de género, edad, geografía y raza. Esto es tan nuevo y específico de nuestra época como el último dispositivo de alta tecnología. Es una fuerza opuesta a la mentalidad técnica moderna que puede hacer entrar a las personas en órbita y poner un smartphone en cada bolsillo, pero proporciona pocas respuestas para dar alegría a la vida, significado al trabajo, o integridad y convicción al liderazgo.

Este movimiento recorre un antiguo sendero que no está limitado a las tradiciones religiosas o místicas. Los ateos y musulmanes, los cristianos y humanistas, los agnósticos y budistas y muchos más se embarcan en la misma búsqueda. Ven diferentes cosas a lo largo del camino, pero todos buscan respuestas a los mismos interrogantes espirituales que son fundamentales para el ser humano. Incluso el racionalismo que domina gran parte del pensamiento gerencial sirve para algunos como un ancla espiritual. La visión de que las personas y las organizaciones son entidades esencialmente racionales que responden a incentivos es una poderosa herramienta en la práctica gerencial. También sirve como una teología para muchos partidarios, pero que a menudo es insatisfactoria porque separa a los creyentes del alma y el espíritu.

Nuestro enfoque es incluyente, abierto a todas estas perspectivas y otras. Si usted está profundamente comprometido con su fe religiosa, únase a nosotros en el viaje. Si está convencido de que la idea de Dios es absurda o que la religión tradicional es una mera superstición, también será bienvenido. Independientemente de dónde comience usted, respetamos su búsqueda y procuramos apoyarla. Nuestra meta no es enseñar una teología o filosofía específica, sino plantear preguntas y estimular la reflexión para ayudarle a profundizar la fe que usted tiene o encontrar la que necesita. Le invitamos a convertirse en un coautor. Considere las historias e ideas expuestas en estas páginas como un estímulo y un punto de partida. Llene los vacíos que usted encuentre en lo que hemos producido con su historia y explore su propio sendero. Busque oportunidades para compartir sus reflexiones y dudas con los otros. Esperamos que el libro pueda guiarle en el viaje del alma que es vital para desarrollar un liderazgo inspirado e inspirador.

A través de los siglos, las personas han encontrado un sentido en el trabajo, la familia, la comunidad y la creencia compartida. Se han valido de los recursos compartidos para hacer lo que no podían llevar a cabo sin ayuda. Los esfuerzos unidos –construir un granero, reforzar un dique, rescatar a las víctimas de un terremoto, celebrar una boda, o cantar un himno– han reunido a la gente, han creado vínculos duraderos y han ejemplificado las posibilidades en el espíritu colectivo. Estas fuentes tradicionales de significado, energía y logros están cada vez más en peligro en un mundo de relaciones pasajeras y virtuales. Las personas se hacen una pregunta formulada hace dos mil años: ¿Cuál es el beneficio para nosotros si ganamos el mundo, pero perdemos nuestras almas?[2] No sorprende que los signos del ansia espiritual y la desazón estén por todas partes. Muchos hemos introducido la esperanza y el optimismo en el nuevo

---

2. Por ejemplo, en el Evangelio según san Marcos (8:36 en la versión del rey Jacobo), Marcos nos dice que Jesús pregunta: "¿En qué se beneficiaría un hombre, si ganara el mundo entero y perdiera su propia alma?". Véase también san Mateo 16:26 y san Lucas 9:25.

milenio solo para descubrir que nuestras certidumbres han fracasado. Este es el momento de emprender un viaje para buscar las respuestas a los interrogantes que Rumi plantea en la frase transcripta al comienzo de este capítulo: ¿De dónde venimos? ¿Qué estamos haciendo aquí? ¿Cuál es el significado de nuestra vida? ¿Cuál es nuestro destino?

Liderazgo apasionado

Esperamos que este libro estimule un proceso de búsqueda de sus dotes de liderazgo. Cada uno de nosotros tiene que hacer una contribución especial a fin de asumir la responsabilidad personal y espiritual necesaria para descubrir y compartir nuestros dones. A través de los sectores y los niveles, las organizaciones sufren por la falta del liderazgo que necesitan. Los líderes que han perdido contacto con sus almas y están confundidos e inseguros acerca de sus valores y creencias fundamentales, inevitablemente pierden su camino o su discurso es incomprensible.

Un movimiento creciente procura recuperar la esencia que el alma y el espíritu pueden aportar al ambiente de trabajo moderno y su entorno. Como escribió el teólogo espiritual Matthew Fox: "La vida y los medios de subsistencia no deberían estar separados, sino fluir de la misma fuente, que es el espíritu, para que tanto la vida como el sustento conciernan al espíritu. El espíritu significa vida, y la vida y el sustento implican vivir en profundidad, vivir con un propósito y alegría, y con un sentido de la contribución a la comunidad más grande. Una espiritualidad del trabajo significa reunir nuevamente la vida y el sustento. Y el espíritu con ellos".[3]

Liderar con el alma restituye el significado y el propósito a los lugares de trabajo que los han perdido. Va más

---

3. Fox, M.: *The Reinvention of Work: A New Vision of Livelihood for Our Time*, San Francisco, Harper San Francisco, 1994, págs. 1-2.

allá de la tecnología, la eficiencia y el resultado final para satisfacer las necesidades humanas de éxito y realización. El liderazgo inspirado fomenta la motivación, profundiza la lealtad y mejora el rendimiento. Reincorpora el alma y el espíritu, uniéndolos a ambos de tal modo que el espíritu alimenta el alma, y esta enriquece el espíritu. Los líderes apasionados y comprometidos encuentran el tesoro de sus almas y ofrecen sus dones a los otros.[4]

Los próximos capítulos exploran por qué el alma, el espíritu, la fe y la esperanza residen en el corazón del liderazgo. Hacen esto a través de un diálogo entre un líder atribulado y una sabia consejera. Durante siglos, los líderes espirituales de todas las religiones y tradiciones han enseñado y aprendido a través del ejemplo, las historias y el diálogo. Las parábolas sufíes y cristianas, los koans del budismo zen, el hagadá judío, las leyendas hindúes y las historias de los aborígenes americanos son solo algunos ejemplos. En nuestra historia, le invitamos a unirse a Steve Camden, un gerente sumamente exitoso que se ha topado con un muro existencial, mientras trabaja con María, una consejera espiritual.

Nuestro viaje

Este libro empieza como un producto de la providencia más que de la planificación. Fue una vocación inesperada que surgió durante un almuerzo informal con colegas en nuestra casa editorial, Jossey-Bass. Ese día llegamos con una lista de posibles proyectos para un libro, todos dentro de nuestra especialidad en las ciencias sociales. En cierto momento, durante la reunión Lynn Luckow, entonces presidente de Jossey-Bass, interrumpió el flujo de la conversación para hacer una simple e inspirada pregunta: "¿Qué quieren ha-

---

4. Comparar con la idea de Hillman, J.: *A Blue Fire: Selected Writings*, editado por T. Moore, Nueva York, HarperCollins, 1991, pág. 113.

cer realmente? Piénsenlo bien". Se hizo un silencio absoluto mientras comíamos y bebíamos el vino, y poco a poco comprendimos la cruda verdad: no sabíamos lo que en verdad queríamos hacer. Alguien rompió el silencio con una respuesta sorprendente: "Queremos hacer un libro sobre el liderazgo y el espíritu". (Gracias nuevamente, Lynn, por ser el padrino de este proyecto.)

Esa respuesta nos puso en un camino desconocido e inquietante. Nos habíamos comprometido a escribir un libro solo con una vaga idea de hacia dónde estábamos yendo y qué teníamos que decir. Afortunadamente, muchos amigos y colegas vinieron a rescatarnos con ideas y apoyo. Nos sumergimos en la gran literatura espiritual de todo el mundo: el Tao Té-King (Libro de la vida y la virtud), el Corán, la Biblia, el Bhagavad-Gita (El canto del Señor), la poesía sufí, la mitología de los aborígenes americanos, los cuentos populares afronorteamericanos, el Libro tibetano de los muertos, y muchas otras obras. Todos estos textos nos ayudaron mucho, pero eso no era suficiente. También teníamos que profundizar para encontrar nuestros propios centros espirituales. No podíamos escribir sobre el viaje espiritual de otras personas sin examinar y profundizar en nuestro ser. No podíamos hablar de alma y espíritu sin experimentar directamente lo que significaban para nosotros.

Para Terrence, este viaje inspiró una conversación con su mujer, Sandy, que finalmente le condujo a renunciar a su puesto permanente en la Universidad Vanderbilt, de modo que ambos pudieron cumplir su sueño de volver al hogar en California, para diseñar y construir una casa en la costa central. También le permitió revisar un capítulo doloroso en su vida, que había olvidado durante muchos años: la trágica muerte de su hijo Barry de cinco años, en 1964. El impacto en Lee fue igualmente profundo: la reconsideración difícil pero esencial de un divorcio doloroso y la muerte de su padre, además de un compromiso renovado con la fe religiosa, y un traslado a la ciudad de Kansas y a la Universidad de Missouri, después de haber trabajado más de veinte años en la Universidad de Harvard.

Esta historia es una parábola de nuestras propias vidas y de las de otras personas que hemos conocido. Esperamos que sea útil para usted. Para ayudarle a reflexionar, hemos interrumpido la historia con una serie de intermedios: meditaciones sobre los problemas y preguntas planteados en la historia. El gran poeta estadounidense Walt Whitman resume muy bien nuestras esperanzas para su viaje:

Navega mar adentro; dirígete solamente hacia las aguas profundas,

Oh alma temeraria, explora, yo contigo y tú conmigo,

Hacia donde nos dirigimos ningún marinero se ha atrevido a ir.

Y arriesgaremos la nave, a nosotros mismos y a todo.[5]

---

5. Whitman, W.: "Passage to India" ["Paso hacia la India"], poema citado en M. Van Doren (ed.): *The Portable Walt Whitman*, Nueva York, Penguin, 1977, pág. 284.

LA BÚSQUEDA

CAPÍTULO 1

EL CORAZÓN DEL LIDERAZGO HABITA EN EL CORAZÓN DE LOS LÍDERES

Su nombre era Steven Camden, como la ciudad de New Jersey. Creció en New Jersey, pero en Newark, no en Camden. No es que esto marque una diferencia. Había vecindarios difíciles en ambos lugares. Tuvo que aprender a sobrevivir en uno de los más difíciles.

Estaba cansado, y ya empezaba a oscurecer. Había manejado tres horas desde la ciudad hasta la montaña. ¿Por qué? No estaba seguro. ¿Por qué John lo había mandado? Subió por las escaleras de piedra y tocó a la puerta. Esperó. ¿Estaría ella ahí? Ella sabía que él vendría, ¿o no? Debía saber que él tenía mejores cosas que hacer que estar ahí parado, en su puerta. Tocó de nuevo y ella apareció.

Su nombre era María. Lo primero que le llamó la atención de ella fueron sus ojos: profundos, café, llenos de algo que reconoció pero no pudo identificar. Que la hacía verse más joven de lo que él sabía que en realidad era. Una vez que estuvieron dentro, recorrió rápidamente con la mirada toda la habitación. Lo que predominaba era arte japonés. Parecía una galería. Pero algo faltaba... ¿Qué era?

–Has pasado algún tiempo en Japón, ¿verdad? –dijo él. Ella asintió.

–Muchos años. Cada una de estas piezas es un recuerdo.

Para él, Tokio era tan solo una interminable serie de reuniones de negocios. Sin tiempo para galerías. Todos sus recuerdos eran de la tienda libre de impuestos del aeropuerto.

Ella parecía estar esperando algo. ¿Le correspondía a él dar el siguiente paso? ¿Por dónde empezar? ¿Soltar todas sus preocupaciones a esa mujer que apenas conocía? Trató de hacer tiempo.

–Al parecer, John tiene mucha confianza en ti –dijo.

–Somos viejos amigos. Lo conozco desde que estaba iniciando la organización. Nos hemos acercado más desde que se jubiló. He aprendido mucho de él.

Ella parecía estar esperando de nuevo. ¿Ahora qué? Él siempre sabía qué decir. ¿En qué estaban ahora?

–¿Te sientes incómodo? –preguntó ella.

–No –dudó–. Bueno, un poco. Quizá no debería haber venido.

–Tómate un té. –La vio servir el té. Hubiera querido café, pero tomó el té.

–¿Has estado trabajando muy duro?

–Toda mi vida. –Le dio un pequeño trago a su té. Té verde.

Le recordó a Japón. Lo había pedido varias veces. *Nihon cha, kudasai.* Sintió una confortable nostalgia.

–¿Por qué? –preguntó ella.

–¿Por qué? –había perdido el hilo de la conversación.

–¿Por qué trabajas tan duro?

Nunca lo había pensado. Se detuvo.

–¿Por qué alguien trabaja duro? Es lo que se hace. Es la manera de llegar a donde estoy.

–¿Te gusta donde estás?

–Claro. –Mentía. Él lo sabía, ¿acaso ella también lo sabía? Probablemente–. Bueno, quizá no. Ya no me gusta tanto como antes.

–¿Qué fue lo que cambió?

Dudó. ¿Debía decirle la verdad? ¿Qué podía perder? Se imaginó vagamente a John mirando por sobre su hombro.

–Me ascendieron hace un año. Me pusieron al frente de una de nuestras subsidiarias. Estaba seguro de estar listo.

–¿Y ahora?

Se quedó viendo a las grullas que delicadamente adornaban el exterior de su taza de té.

–Hasta este trabajo, todo parecía marchar bien. Iba por la vía rápida. La gente pensaba que yo podía caminar sobre el agua. Quizá era talento, quizá suerte, o quizá un poco de sudor. Lo que haya sido, parece que ya no funciona.

–¿Te sientes desanimado? –Ella parecía sincera, quizá hasta cariñosa. ¿Por qué lo ponía tan nervioso?– Es como si estuviera en una cinta caminadora. Corriendo cada vez más y más rápido. Pero quedándome cada vez más y más atrás.

–Necesitas bajarte.

–No necesitaba manejar tres horas para saber eso. Lo estoy intentando. –Sabía que se mostraba impaciente. Así era como se sentía.

–¿Qué es lo que has intentado?

–Casi todo. Una adecuada organización del tiempo. Establecer una misión. Planeación estratégica. Reingeniería. Capacitación. Programas de calidad.

¿Por qué se quedaba mirándolo así?, ¿por qué estaba tan callada?, ¿pensaba que había hecho algo equivocado?, ¿que no había hecho lo suficiente? Continuó.

–Mandé a los ejecutivos a programas gerenciales, de los calificados como los mejores en *Business Week*. Contraté consultores, tipos de clase mundial con tarifas de clase mundial. Leí *Fortune* y la *Revista de Negocios de Harvard*. Hablé con mi jefe.

Ella se rió.

–¿Por qué hiciste todas esas cosas?

Su risa lo irritó. Sintió cómo los hombros se le ponían tensos. ¿Se estaba riendo de él?

–Funcionó anteriormente, ¿por qué no ahora?

Ella se puso seria.

–¿Qué quieres de mí?

La pregunta lo desconcertó. ¿Qué era lo que realmente quería? Trató de encontrar una respuesta. Su boca estaba seca.

–Mi trabajo es mi vida, siempre ha sido así. Es lo que siempre quise. Pero ya ha perdido el atractivo. Mi jefe se está poniendo inquieto. Es la primera vez que siento que vaya a fracasar en un trabajo.

–¿Por qué no está funcionando? –preguntó ella.

Él habló acerca de la necesidad de unidad, pero que las personas nunca se ponían de acuerdo. Dijo que debía tener una visión, pero que era incapaz de ver más allá de la siguiente semana. Le dijo que estaba perdido. Que todo parecía desmoronarse. Él nunca se había sentido así antes.

Ella dijo que ya había pasado por eso. Que lo entendía.

¿Dónde había estado ella?, ¿realmente lo entendía? Quería decir algo, pero no encontraba las palabras.

–¿Y tu espíritu? –le preguntó. Miró hacia la puerta. Quería salir corriendo. Respirar aire fresco. Alejarse de esa loca. Pero no pudo moverse–. ¿Espíritu? –tartamudeó.

–Sí, tu espíritu. –Hablaba con firmeza, con seguridad. Como si fuera una pregunta perfectamente normal. ¿Hablaba en serio?–. ¿Qué quieres decir?

–Espíritu. La fuerza interna que mantiene vivos el significado y la esperanza.

Empezaba a sentirse irritado. ¿Había sido un error ir a ese lugar?

–Un negocio es lo que tú quieres que sea –dijo ella con calma–. Si crees que es una máquina, lo será. ¿Un templo?, puede ser eso también. El espíritu y la fe están en el centro de la vida humana. Sin ellos, pierdes el camino. Vives sin entusiasmo. Avanzas a través de las acciones, pero no hay pasión.

Se sentía frustrado. Sintió cómo la ira iba creciendo en su interior. ¿Había manejado tres horas para esto? Con los dientes apretados le dijo lo que sentía.

–Mira, dirijo una organización, no un templo.

Los ojos de ella se posaron fijamente en los de él. Le sonrió.

–¿Con qué esperas dirigirla?, ¿más sudor?, ¿más control?, ¿más trucos y mañas?

–Quizá con algo de sabiduría. –No había sido su intención decirlo, pero lo dijo de cualquier modo.

–La sabiduría viene después. Primero tienes que ver dentro de tu corazón.

Volvió a sentirse irritado. Avergonzado. Sintió cómo la sangre le subía y enrojecía el rostro. ¿Por qué seguía ahí?, ¿por qué simplemente no se levantaba y se iba?

–Me recuerdas a mi madre –dijo despectivamente–. "Sigan su corazón", siempre decía. En realidad nunca supo nada de negocios.

–¿Y tú? –le preguntó.

–Yo sí, claro.

–Entonces establece una nueva forma. Quieres ser un líder, ¿no?

Él asintió con tristeza. Ella continuó.

–El corazón del liderazgo está en el corazón de los líderes. Tienes que ejercer el liderazgo con lo que está en lo más profundo de tu corazón.

–¿Como qué?

–No puedo decirte lo que hay en tu corazón, ni tampoco querrías que lo hiciera. ¿Te gustaría que alguien te ofreciera una fruta y que la masticara antes de dártela? Nadie puede encontrar el significado por ti. Ni tus consultores, ni tu jefe, ni la *Revista de Negocios de Harvard*. Solo tú sabes lo que hay en tu corazón.

Sintió una punzada en el pecho. ¿Era coincidencia? Sabía que había estado trabajando demasiado duro.

–No es lo que esperabas –dijo ella.

–Para nada.

–¿Se siente raro?

Tenía razón. Al parecer, sabía todo.

–Quizá un poco –admitió, deseando no haberlo hecho.

Ella sirvió más té.

–Has estado en situaciones incómodas con anterioridad, ¿no?

–Seguro.

–¿Has aprendido de ellas?

Trató de revisar todas sus situaciones incómodas. Se dio por vencido. Eran demasiadas.

–Generalmente –dijo.

–Bien. Entonces, ¿continuamos?

Continuar... ¿Con qué?, ¿con esta conversación sin sentido? A pesar de eso, ella parecía tener algo. Algo que él no lograba captar.

–Quizá. No estoy seguro.

–¿Quieres tiempo para pensar?

–Una caminata, quizá.

–Ve al jardín. Podremos hablar más a tu regreso.

CAPÍTULO 2

EL CORAZÓN HUMANO
ES MÁS QUE UNA BOMBA

La caminata lo ayudó bastante. Una oportunidad para clarificar su cabeza. Le habían dicho que ella era buena. Muy buena. Pero para él no tenía mucho sentido. Estaba fuera de la realidad. "Hablar más", le había dicho. ¿De qué?

La encontró leyendo en el estudio.

–Mira –dijo él–, el corazón y el espíritu pueden esperar. Ahora tengo otros problemas.

Levantó los ojos del libro.

–Quizá ese es tu problema.

Apretó la mandíbula. Estaba cansado de esos juegos. Lo escupió:

–¿De qué demonios estás hablando?

–De ti –se detuvo, mirándolo–. Tú eres un hombre de decisiones, quien logra que las cosas se hagan.

–Sí. –Parece que empieza a entender, pensó.

–Ves más allá de las cosas. Eres un buen analista.

–Cierto.

–Tienes el control. Estás en la cumbre.

–Es una de mis fortalezas. –Empezaba a sentirse mejor. Ella empezaba a entenderlo.

–Quizá una de tus mayores debilidades.

¿Era una trampa? Él odiaba la debilidad. Sintió que la cara se le enrojecía de nuevo. Con dificultad podía controlar su rabia.

–Mira, soy un administrador, no un trabajador social. Hay que ser duro para estar al frente.

–¿Hasta qué punto eres duro?

¿Por qué no lo entendía? Ponla en su lugar y sal de ahí.

–Me habían dicho que podrías ayudarme. Obviamente fue un mal consejo. Estás fuera de contexto. Perdiendo mi tiempo. Eres...

Ella rió amablemente.

–¿El tuyo?

–Discúlpame –dijo él–, no era mi intención ofenderte. –¿Por qué se disculpaba? Ella era quien tenía que hacerlo.

–¿Estás tratando de ahuyentarme? –preguntó ella.

Tenía razón. Se estaba acercando demasiado. Había desencadenado un viejo patrón. Cuando él se sentía vulnerable, atacaba.

–Está bien. Estoy desanimado. Cansado. Estoy buscando ayuda.

–Quizá tu cabeza y tus manos te han llevado tan lejos como les fue posible. Considera una nueva ruta. Un viaje a tu corazón. Tu corazón es más que una bomba. Es tu centro espiritual. El corazón es coraje y compasión. Sin él, la vida está vacía, sola. Siempre estás ocupado, pero nunca pleno.

Él sintió temor, pánico. Quería protestar, pero no encontraba las palabras. Después sintió un golpe, justo en la boca del estómago. Quizá ella tenía razón.

–Has tenido un día pesado –dijo ella.

Él asintió.

–Descansa. Hablaremos más en la mañana.

CAPÍTULO 3

EL VIAJE DE UN ALMA

El sendero doblaba suavemente por la ladera de la montaña. Arriba, a través de una bóveda formada por pinos y abetos, se filtraba el sol matinal. Abajo, una alfombra de flores silvestres y un lago. Hermoso, pensó. El olor y los sonidos de la primavera lo envolvieron.

–Me encanta este lugar –dijo ella.

–Me doy cuenta por qué. Debería hacer esto más a menudo. –No podía recordar cuándo fue la última vez que había caminado por el bosque. Muy poco tiempo y mucho por hacer.

–Si te lo permites, la naturaleza levanta tu espíritu. Toca tu corazón.

Espíritu. Corazón. De nuevo. ¿De qué habla?

–Un viaje al corazón –dijo él–. ¿Qué te parece tener un mapa?

–Es un viaje al interior. No hay mapas. Encuentras tu alma solo al mirar con profundidad dentro de ti.

–Esperaba algo más concreto.

–¿Cómo podría darte yo direcciones para llegar a tu alma?

–¿Eres terapeuta?

–No.

–¿Alguna especie de fanática religiosa?

Ella se rió.

–¿Acaso la palabra espíritu te atemoriza?

–No, no. –Estaba nervioso. Perplejo, pero no atemorizado. No había muchas cosas que lo asustaran–. Es solo que yo no vine aquí para escuchar sermones. Quiero respuestas.

–¿Las has encontrado alguna vez?

–No. Por eso estoy aquí.

–Un viejo sabio caminaba en una ocasión por un sendero muy parecido a este. Otro hombre, no mucho más joven que tú, se acercó desde otra dirección. Los ojos del hombre joven estaban tan fascinados con el sendero que chocó contra el sabio. El sabio observó con severidad al joven y le preguntó a dónde se dirigía. "A encontrar mi futuro", respondió el joven. "¿Cómo sabes que no lo has pasado ya?", preguntó el sabio.

Odió tener que admitirlo, pero vio una semejanza. Él era como el hombre del relato.

–¿Hablas de mí?

–¿Lo crees así?

Los ojos fijos al frente. Una visión de túnel. Estaba admitiendo más de lo que hubiera deseado.

Ella siguió subiendo por el sendero. No parecía sorprendida. La misma expresión de la Mona Lisa, la misma calidez, la misma suavidad.

–El viaje al alma es una búsqueda a través de un territorio inexplorado. Encuentras tu camino al abrir los ojos y el corazón.

Una ardilla silvestre pasó rápidamente por el sendero. Parecía saber exactamente a dónde iba. ¿Por qué él no?

–Entonces, ¿por dónde empiezo? –preguntó.

–Desde donde estás.

–No estoy muy seguro dónde es eso.

–Ese es un buen inicio.

–¿Para qué?

–Para tu viaje.

Llegaron a un arroyo y se sentaron. Estuvieron en silencio, viendo pasar una hoja que flotaba en el agua.

CAPÍTULO 4

DESCUBRIENDO NUEVOS MAESTROS

–Ve esa hoja. Se deja llevar hacia donde la conduzca la corriente –apuntó ella.

–Mira. No soy una hoja –quería parecer fuerte–. Soy un administrador. Mi trabajo es controlar las cosas, no ser controlado.

Ella se acercó y lo vio directamente. Sus ojos eran penetrantes.

–¿Y lo estás haciendo de manera exitosa?

–Quizá no. Ya no.

–El control es tan solo una ilusión. Es seductor porque da la sensación de poder. Algo de lo cual te puedes agarrar, por eso se vuelve adictivo. Es difícil dejarlo aun cuando no está dando resultado. No podrás empezar el viaje hasta que no dejes ir los hábitos que te atan.

–Díselo a mi jefe. Me pagan por tener el control.

–Esa es la ilusión. Mira de nuevo el agua que pasa. Hay un relato sobre un arroyo que sortea muchos obstáculos hasta que llega al desierto. El arroyo quiere cruzarlo, pero sus aguas desaparecen entre las arenas.

–¿Qué tiene que ver eso conmigo?

–Quizá tú y el arroyo tienen algo en común.

–¿Como qué?

–En el pasado, tú sorteaste los obstáculos. Ahora tienes que cruzar un desierto.

–Me estás metiendo con calzador en la historia. Pero si el arroyo encuentra algunas respuestas, ponme dentro. No he oído ninguna desde que llegué.

Ella ignoró el sarcasmo.

–El arroyo escuchó una voz. Le dijo: "El viento cruza el desierto. También puede hacerlo el arroyo". El arroyo protestó: "El viento puede volar pero yo no". La voz le respondió: "Déjate absorber por el viento". El arroyo se rebeló. "Quiero seguir siendo el arroyo que soy ahora". "Eso no es posible", dijo la voz. "Sin embargo, tu esencia puede ser transportada y volver a ser arroyo. Has olvidado tu esencia." El arroyo recordó vagamente que alguna vez había sido sostenido en el viento. Dejó que su vapor subiera hasta los brazos del viento, quien lo transportó a través del desierto y después lo dejó caer en las montañas Ahí, de nuevo volvió a ser arroyo.

–La evaporación no funciona en mi caso.

–Probablemente, pero dejándote llevar puede que sí.

–¿Dejándome llevar qué?

–Las defensas que estás esgrimiendo para alejarme. La cerrazón de tu mente es lo que te tiene atorado.

Desvió la mirada. Contempló el arroyo durante varios minutos. Dejarse ir. ¿De qué? De algo a lo que se había enganchado fuertemente por mucho tiempo. Vio otra hoja, tratando de evitar los sentimientos que empezaban a brotar. De todos modos, ellos aparecieron.

Habló lentamente, con voz entrecortada. En el relato, el arroyo se acordó del tiempo en que el viento lo había sostenido. Ser sostenido en el pasado. Dudó, esperando que la oleada de sentimientos se le pasara.

–Tenía cinco años cuando mi padre murió. El tipo más dulce del mundo. Nunca se mantuvo en un trabajo. Nos dejó, a mi madre y a mí, sin nada. Nunca hablamos mucho sobre él. El mensaje siempre era "no seas como él. Haz algo por ti mismo".

–¿Has seguido ese consejo?

–Funcionó. Al menos eso pensaba. Quizá he perdido algo, en algún lugar del camino.

–Has perdido el contacto con tu alma.

–Si eso es cierto, ¿por dónde busco?

–Dentro. Fuera. Tu alma está dentro de ti, en tu centro. Los maestros de fuera pueden ayudarte a encontrarla.

–¿Qué maestros?

–Están a tu alrededor.

–He estado en docenas de seminarios y talleres. Me han enseñado las mejores personas. No siempre he podido aprender tanto.

–¿Alguna de esas personas mencionó el alma?

–No, generalmente no lo hacen. No en los seminarios gerenciales.

Ella rió. Al menos tenía sentido del humor, pensó él.

–Has estado buscando en los lugares equivocados –dijo ella–. Las lecciones más profundas de la vida a menudo se encuentran donde menos las esperas.

–Como la escuela de los golpes duros.

–En algunas ocasiones las lecciones son muy duras. Recuerdo a un hombre que se reunía regularmente con un grupo de amigos. Un día les dijo a sus amigos: "He descubierto un nuevo maestro, se llama sida".

El sida había golpeado fuertemente al viejo vecindario de Steve. La historia de María lo caló. Más allá de sus defensas tradicionales. Trató de controlar las emociones que le venían de su interior. No llores, se dijo a sí mismo. Pero de cualquier manera las lágrimas brotaron. La cara se le puso roja de vergüenza. ¿Por qué estaba llorando frente a esta mujer?

–Es una historia llena de fuerza –dijo ella suavemente–. Sus amigos también lloraron y sus lágrimas casi ocultaron la verdadera lección. En el camino de la vida, diariamente pasamos por muchas señales de advertencia y no nos damos cuenta de la mayoría de ellas. La tragedia es la autora de la esperanza. Las crisis nos hacen enfrentarnos cara a cara con nuestra alma.

–Alma. Viaje. –Él hablaba con mucho tiento, sopesando cada palabra–. Hace un año habría salido de aquí en cuanto oyera esas palabras.

–¿Y ahora?

–Quizá he encontrado una nueva maestra.

RECUPERANDO TU ALMA

Algunos dicen que mis enseñanzas no tienen sentido.
Otros las consideran elevadas pero poco prácticas. Pero para aquellos
que han visto en su interior, este sinsentido tiene
mucho sentido. Y para aquellos que las ponen en práctica,
esta elevación tiene raíces que llegan a lo más profundo.

Lao-tzu[*]

Como una mariposa exótica, el espíritu es esquivo. Al tratar de capturarlo, se corre el riesgo de destruirlo. Como el viento, el espíritu es invisible, pero aun así puedes sentir su presencia y ver sus efectos. A través de los siglos, los sabios, los filósofos y los seres humanos ordinarios han alcanzado su fuerza poderosa justo después de rozarlo.

Al escribir estos primeros diálogos, vinieron a nuestra mente las palabras de un antiguo filósofo chino: "Acabo de

---

[*] Lao-tzu, citado en S. Mitchell (ed.), *The Enlightened Heart: An Anthology of Sacred Poetry.* HarperCollins, New York, 1989, p. 17. Los historiadores han debatido si Lao-tzu es una figura histórica de la China del siglo VI a.c., o si el *Tao-te-Ching*, la obra que se le atribuye, fue recopilada por otros en tiempos posteriores. Más allá de la autoría, el *Tao-te-Ching* es uno de los productos del espíritu humano más antiguos y perdurables.

decir algo. Pero no sé si lo que yo dije en realidad ha dicho algo o si no ha dicho nada".[1] Al mismo tiempo que estamos convencidos de la necesidad de revivir el espíritu en las organizaciones modernas, sabemos el reto que implica el tratar de mostrar a otros la naturaleza de este viaje.

También sabemos que el malestar de Steve Camden no es poco frecuente. Sufre de lo que Albert Schweitzer llamó en una ocasión "la enfermedad silenciosa del alma".[2] Sus síntomas son la pérdida de seriedad, entusiasmo y ánimo. Cuando los individuos viven superficialmente, en busca de metas que no van más allá del éxito material, y nunca se detienen a escuchar su voz interior, bloquean su desarrollo espiritual. Steve Camden podría ser el prototipo de Carl Jung en su obra *El hombre en busca de sentido*.

El mundo actual, estresante y turbulento, agrava el riesgo de tener almas petrificadas y malestar espiritual. Los administradores hacen cualquier cosa con tal de estar al día y obtener éxito. En ocasiones, sus esfuerzos se ven recompensados. Pero, en la mayoría de los casos, ellos y sus organizaciones pierden el contacto con sus centros. Como consultores e investigadores, repetidamente hemos encontrado que la primera respuesta de los administradores es concentrarse en las características técnicas y racionales de cualquier situación. Analizan, planean, cambian políticas, reestructuran, aplican reingeniería. Estas acciones pueden ser adecuadas para muchos problemas del mundo de los negocios, pero pierden de vista una dimensión más pro-

1. Chuang-tzu, citado en S. Mitchell (ed.), *The Enlightened Mind: An Anthology of Sacred Frose*. HarperCollins, New York, 1991, p. 20. Chuang-tzu fue un filósofo y maestro taoísta que vivió en China durante el siglo IV a.c. La cita es una de las paradojas típicas y de niveles múltiples de significado que se encuentran a lo largo de la obra de Chuang-tzu. ¿Significa que ha dicho algo, pero que quizá no ha dicho nada a su lector? ¿O significa que lo que no ha dicho es más importante que lo que sí dijo? Quizá nos ayude saber que también dijo "Si el gran Camino ha quedado claro, no es el Camino".
2. Schweitzer, A., citado en Berman, *The Search for Meaning, op. cit.*, p. VI.

funda. Nuestro trabajo nos ha enseñado que las facetas más simbólicas y expresivas de la vida organizacional están en el corazón de un liderazgo inspirado. ¿Habremos tan solo redescubierto el carisma, la etiqueta que en ocasiones es adjudicada a los líderes dotados con misterio, magia o un don especial de los dioses? ¿O estamos al borde de algo más profundo?

Todas las señales apuntan al espíritu y al alma como la esencia del liderazgo. Hay un consenso que está creciendo en el sentido de que necesitamos un nuevo paradigma para movernos más allá de las trampas del pensamiento convencional. De verdad, quizá necesitamos redescubrir o renovar un viejo paradigma, que está profundamente grabado en la sabiduría tradicional. Camden, el héroe de nuestra historia, está perdido. Con la ayuda de una guía espiritual está empezando a seguir otro sendero. En lugar de buscar afuera respuestas específicas, necesita buscar en su interior una fuente más profunda de sabiduría interna. En su Primera Epístola, Juan el Evangelista escribió acerca de Jesús: "El espíritu que han recibido de él permanece en ustedes, y no necesitan que nadie venga a enseñarles. Porque el espíritu les enseña todo y es la verdad".[3] Este mismo mensaje puede ser encontrado en muchas otras tradiciones espirituales. En una parábola de la China del siglo VIII, un novicio va con Ma-tzu, un maestro espiritual, en busca de la enseñanza de Buda. Ma-tzu le pregunta al novicio por qué está buscando la ayuda de otros cuando él ya tiene el tesoro más grande dentro de sí mismo. El novicio pregunta cuál es ese tesoro del que habla Ma-tzu, y Ma-tzu le responde: "¿De dónde

---

3. Interpretación hecha por Mitchell de 1 Juan 2:27 en *The Enlightened Mind, op. cit.*, p. 32. La Biblia *New Revised Standard Version* presenta el mismo versículo de la siguiente manera: "Y para ustedes, la consagración que recibieron de él permanece en ustedes, y así no necesitan que nadie les enseñe. Porque esta consagración les enseña todas las cosas, y es verdad y no mentira, y como les ha enseñado, permanece en él".

viene tu pregunta? Ese es tu tesoro. Es por lo que precisamente en este momento estás haciendo esa pregunta. Todo se encuentra almacenado en tu precioso templo del tesoro. Está ahí, a tu disposición, lo puedes usar cuando quieras, no le hace falta nada... ¿Por qué, entonces, estás huyendo de ti mismo y buscando las cosas afuera?[4]

La vida en el siglo XX ha creado muchísimos obstáculos para quienes buscamos nuestro centro espiritual. Una orientación pragmática fuertemente enraizada premia la lógica técnica. Una tendencia ampliamente difundida de especialización y aislamiento nos ha conducido a crear dicotomías: trabajo y juego, masculino y femenino, profesión y familia, pensamiento y sentimiento, razón y espíritu. Relegamos la espiritualidad a iglesias, templos y mezquitas, para aquellos que aún asistimos a esos lugares. La evitamos en el trabajo. Cambiar esto no es nada fácil. Steve está a punto de iniciar un viaje existencial atemorizante y potencialmente peligroso. Al principio, él confía en que María, su guía espiritual, le dé apoyo y dirección. Aunque ella, continuamente, resiste los esfuerzos que él hace para que se haga cargo de la situación. En lugar de eso, ella reafirma el mensaje que ha sido encontrado en casi todas las tradiciones espirituales. El mensaje advierte contra el hecho de poner a alguien más a cargo de tu viaje espiritual. En su lugar, reconoce y confía en el poder dentro de ti.

La búsqueda de Steve va a estar llena de paradojas, porque "la espiritualidad trasciende lo ordinario; pero, paradójicamente, solo puede ser encontrada en lo ordinario. La espiritualidad está *más allá* de nosotros, y aun así está en todas las cosas que hacemos. Es extraordinaria y, sin em-

---

4. Mitchell, S.: *The Enlightened Mind, op. cit.*, p. 209. El novicio era Huihai, quien llegó a ser un maestro Zen. Después de que Ma-tzu le habló, Hui-hai dijo: "Desde ese día, dejé de ver a otros lados. Todo lo que tienes que hacer es ver en tu propia mente; entonces la maravillosa realidad se manifestará a sí misma todo el tiempo" (p. 56).

bargo, es extraordinariamente simple".[5] Aunque aún no lo sabe, la tarea de Steve es recuperar y reencender su centro espiritual.

No importa cuánto tiempo tu espíritu haya permanecido dormido y sin usar. Un día, oyes una canción, ves un objeto o tienes una visión, y sientes su presencia. No puede ser comprada, intercambiada o aniquilada, porque su poder viene de su historia. Nadie te puede robar tu espíritu. Puedes cederlo. "Y también puedes recuperarlo".[6] Sin embargo, recuperarlo rara vez es fácil. Steve se dará cuenta de que recuperar su espíritu, y su alma, requiere de valor poco común.

---

5. Kurtz, E. y Ketcham, K.: *The Spirituality of Imperfection: Modern Wisdom from Classic Stories*. Bantam, New York, 1992, p. 35.
6. Hammerschlag, C. A.: *The Theft of the Spirit*. Simon & Schuster, New York, 1993, pp. 170-171.

CONVICCIÓN

CAPÍTULO 5

UN LUGAR PARA EMPEZAR

Había pasado un mes. Él estaba de regreso ante su puerta. Esperando de nuevo. Sus hombros estaban caídos y su expresión sombría. Sentía los latidos de su corazón. ¿Dónde estaba ella? ¿Por qué había regresado? Algo lo había empujado de nuevo hasta ahí, pero ¿qué? Entonces ella apareció. Él se sintió mejor. Al menos, ella no lo había abandonado.

Lo condujo hacia el estudio, le ofreció una silla. Él se sentó. Buscaba las palabras.

–¿Qué tal te va? –preguntó ella.

–Buscando que me caiga el veinte. Esperando que se encienda la luz.

–¿Y?

–Nada. Oscuridad. Más confundido que nunca –miró hacia abajo. Se sentía estúpido.

–Eso es bueno.

Nuevamente se sorprendió. –¿Por qué?

–Has empezado tu viaje. Al inicio es de esperarse que haya confusión.

–Pero me siento perdido.

–Quieres todo planeado anticipadamente. Eso está bien para un viaje a Chicago. Pero no funcionará para un viaje al espíritu. Primero, tienes que comenzar, moverte hacia un territorio inexplorado. Y explorar. Meditar. Tú sabrás si estás en el camino.

–¿Cómo lo sabré? Tengo miedo.

–¿Por qué? –preguntó ella.

–No estoy seguro.

–¿Quizá algo del pasado?

Su pregunta lo hizo retroceder en el tiempo. Se sentaron en silencio. Él sentía que su cuerpo se ponía rígido a medida que los viejos recuerdos salían a la superficie. Quería regresarlos otra vez al fondo, pero seguían emergiendo.

–Es difícil hablar de eso.

–¿Demasiado atemorizante?

–No –dijo enfáticamente, sacudido por su pregunta–. Son solo cuestiones en las que no había pensado por mucho tiempo. Una vez me perdí en un carnaval. Sentí pánico, estaba aterrado. Aún sueño con eso. ¿Recuerdas a Hansel y Gretel? En lugares nuevos, aún dejo migajas de pan.

Ella sonreía ampliamente.

–¿Qué es tan gracioso? –preguntó él.

–Sonrío porque tu historia me es muy familiar. Cuando era pequeña, acostumbraba a jugar en un campo próximo a nuestra casa. Durante el verano era muy caluroso. Todo estaba muy seco. Hice una fogata, pero brincó el cerco de piedras que había puesto a su alrededor. Todo el campo se incendió. Los bomberos tardaron dos horas en apagarlo. Me sentí estúpida. Durante mucho tiempo, me aterraba hacer algo malo otra vez. Intenté evitar cualquier cosa que implicara riesgo.

–Eso no es lo que John dice de ti.

–Lo he aprendido en mi propio viaje. Quería encontrar valor, como el león cobarde en *El mago de Oz*. El Mago dice que todos tenemos miedo. El valor es la habilidad de seguir adelante. Me tomó mucho tiempo, pero he aprendido a seguir adelante.

–Quiero que seas mi mago. Dame las respuestas. Sigues diciéndome que vea en mi interior. Cuando lo hago, sigo oyendo las mismas voces: sé racional, mantén el control, ten cuidado.

–Esos mensajes son de tu cabeza, no de tu corazón. Es difícil hacer a un lado las viejas normas. Se requiere valor y fe.

–¿Dónde los encuentro?

–Búscalos.

–¿Dónde?

–Ya has hecho esa pregunta anteriormente. Tratemos de llegar a la respuesta de una manera diferente. –Se levantó y lo condujo suavemente a una ventana–. Esos bosques se extienden por millas. Ve a dar una caminata. Salte del sendero. Explora. Asegúrate de una cosa, piérdete.

–¿Perderme? –la contempló incrédulo.

–Exactamente. Trátalo. Ve qué sucede.

–Ya lo sé. Me va a entrar el pánico.

–Crees que lo sabes; tal vez descubras algo más.

En la leyenda del Santo Grial, cada caballero empieza su búsqueda entrando en la parte más oscura del bosque sin sendero. Sin guía. Inténtalo.

Empezó a caminar hacia la puerta. Dudó. Los viejos miedos lo detenían, pero se dijo que siempre había sido un hombre que tomaba riesgos. Se dio la vuelta y esbozó una sonrisa forzada.

–¿No hay migajas que pueda tirar por el camino? Ambos rieron mientras él salía por la puerta.

CAPÍTULO 6

VICISITUDES DEL VIAJE

Estaba oscureciendo. Seguía perdido, bajando por una ladera llena de arbustos. No vio la rama hasta que le azotó el rostro. Le dolía. Sus ojos empezaron a llenarse de agua y se sentó. Luchó contra el pánico. Más recuerdos acudieron a su mente. La muerte de su padre. El desplome de su madre. El vivir con los abuelos. El trabajo para poder asistir a la universidad. Su compromiso con el éxito. El obtener lo que quería. Descubrir que el éxito solo trae consigo más preocupaciones.

Mucho más tarde, estaba de regreso en la casa, disfrutando del aroma del café recién hecho.

–Estaba a punto de formar una brigada de rescate. –Sonrió ella.

¿Estaba bromeando o se sentía aliviada?

–Me dijiste que me perdiera y eso hice.

–¿Alguna vez has hecho algo a medias? –entonces se fijó en la sangre de la cara–. ¿Qué te pasó?

–Encuentro cercano con un árbol. Él ganó.

–Ven acá, vamos a limpiarte.

–No es nada –dijo él.

–¡Siéntate! –habló con energía–. Regreso en un minuto.

Protestó débilmente. Ella lo ignoró y le lavó el arañazo. Su tacto era más suave de lo que él esperaba. De cerca, sus ojos eran más brillantes y profundos. Los sentimientos empezaron a ser muy intensos. Dirigió su mirada hacia otro lado.

–Encontré un lago –dijo él–. Caminé alrededor de él un par de veces. Me enfrenté con algo más que una rama. Descubrí cosas que había enterrado hace mucho tiempo.

–Puedes aprender mucho al caminar alrededor de un lago.

–Cuando eras joven, ¿también tú aprendiste la oración "Ahora que al dormir me dispongo a descansar..."?

Ella lo interrumpió.

–"Pido al Señor mi alma conservar."

–Lo siguiente me aterrorizaba, particularmente después de que mi padre murió. "Y si debo morir antes de despertar, pido al Señor mi alma tomar."*

–¿Aún haces oración?

–No, desde hace años.

–¿Por qué no?

–Nunca me pareció que hiciera alguna diferencia en mi vida. Dejé de creer.

---

* Traducción libre de la clásica oración para antes de dormir: *"Now I lay me down to sleep, I pray the Lord my soul to keep. If I should die before I wake, I pray the Lord my soul to take".*

–¿En qué crees ahora?

–No lo sé. Quizá en mí mismo. Quizá en nada –lo dijo con un tono de resignación.

–Cuando no sabes en qué crees, no sabes quién eres. No tienes idea de para qué estás aquí. No puedes ver hacia dónde vas –hablaba lenta y suavemente. Enfatizaba cada una de las palabras.

–Yo sí sabía a dónde iba. Me perdí en algún momento.

–La oración es una avenida a la fe. Es una conversación íntima con tu alma. Una canción del corazón.

–¿Canción del corazón?

–Tu corazón sabe cosas que tu mente no puede conocer. Todos necesitamos una canción del corazón. Te mantiene a través de las vicisitudes de la vida.

–¿Vicisitudes? –¿Cuándo fue la última vez que había escuchado esa palabra?, ¿en la iglesia? En el fondo de su mente apareció un eco distante. Ella continuó.

–El peregrinaje espiritual siempre trae consigo montes y valles. Una canción del corazón te mantiene durante el trayecto.

–Recuerdo que estaba sentado con mi madre en una iglesia negra –dijo él–. Música y cantos. Mucha energía e intensidad. Había alegría en aquella habitación. Pero lo espiritual trata lo mismo de sufrimiento que de alegría. Es una forma de sobrevivir al dolor.

–Las canciones del corazón nos conducen a través del regocijo y de la tristeza. Has anestesiado tu vida para evitar el dolor. Con un costo. Si eliminas lo malo, también eliminas lo bueno. Es mejor detenerse y cantar de vez en cuando.

Anestesia. Dolor. Más recuerdos. Su divorcio. El sufrimiento de sus hijos. Un hijo mayor que nunca lo perdonó. Los sentimientos no podían esperar más.

Sintió su toque, suave, poderoso y abierto, todo al mismo tiempo. Lo ayudó a encontrar el valor para enfrentar el dolor que estaba sintiendo.

–Hace quince años de mi divorcio –dijo–. Mi hijo mayor aún no contesta mis cartas. El dolor nunca ha cesado.

–¿Qué has hecho con él?

–Ignorarlo. Lanzarme de lleno al trabajo.

–¿Hablas con alguien?

–Un terapeuta. No ha pasado nada importante. Trataba de encontrar algo. Algo más profundo, pero nunca lo encontré.

–Los buenos terapeutas conocen la psique. Los mejores conocen el alma. Las personas acostumbraban a acudir a sacerdotes o rabinos en busca de guía espiritual. ¿A quién acuden hoy en día?

–A ningún lado, supongo. Tratan de enterrar los sentimientos. Como yo lo hice.

–Tu divorcio hirió tu espíritu y aún no ha sanado.

–¿Es posible sanar?

–Sí. No es fácil, pero sí posible.

–¿Cómo?

–La tragedia se aparece en la vida. El espíritu florece a partir de lo que se hace con ella. Las heridas ofrecen una visión para encontrar nuevas posibilidades.

Sabía que ella estaba en lo correcto. Se acordó de una historia.

–Tenía un amigo que quería ser campeón de alpinismo. Se quedó atrapado en la montaña por un par de días. Congelamiento. Le amputaron ambas piernas de la rodilla para abajo. Él estaba decidido a escalar otra vez. Consiguió miembros artificiales para escalar. Alguien le preguntó cómo podía escalar tan bien. Él se rió. Dijo que ahora sus pantorrillas no se entumecían.

–El humor es una maravillosa canción del corazón, ¿o no?

–Necesito encontrar la mía.

APOYÁNDOTE EN TU MIEDO

Un buen viajero no tiene planes fijos y no se preocupa
por llegar. Un buen artista deja que su intuición
lo conduzca a donde quiera. Un buen científico se libera
de los conceptos y mantiene su mente abierta a lo que sea.

Lao-tzu*

Steve buscó ayuda cuando se sintió desesperado. Confiaba en encontrar soluciones específicas a sus preocupaciones inmediatas. Se resistía a ver que sus problemas externos eran solo síntomas de algo mucho más profundo. Lentamente, empezó a ver que su verdadero reto era ponerse en contacto con su alma. María se convirtió en su guía.

Steve era una víctima de la errónea concepción, ampliamente difundida, de que el liderazgo se expresa a través del heroísmo individual, guerras constantes, defensa de una gran causa, o cambiar el curso de la historia utilizando solo una mano. Desde este punto de vista, los éxitos o fracasos de los líderes son solo de ellos. Tendrán éxito si tienen el equipo

---

* Lao-tzu, citado por Mitchell, *The Enlightened Heart*, p. 16.

necesario, fortaleza, valor y visión. El fracaso es una evidencia de sus deficiencias personales. La imagen arquetípica de este héroe es el macho autónomo, solitario, al margen de la sociedad, el "Llanero Solitario", "Harry el Sucio" o "Rambo". Esta visión corrompe nuestra imagen de liderazgo. Quienes quieren ser héroes tratan de imitar esta imagen, muy a menudo pagando un alto costo personal: enajenación, sentimientos de fracaso, enfermedades inducidas por el estrés e incluso muertes prematuras.

Las organizaciones e instituciones sufren y se ven afectadas cuando nos preocupamos demasiado por nuestros líderes y muy poco por nosotros mismos. El liderazgo efectivo es una relación enraizada en la comunidad. Los líderes exitosos encarnan los valores y las creencias más valiosos de sus grupos. Su habilidad para dirigir surge de la fortaleza y el soporte de aquellos que los rodean. Se mantiene y se hace más profunda al tiempo que aprenden a utilizar las heridas de la vida para descubrir sus propios centros espirituales. Mientras conquistan a los demonios que están dentro, logran la tranquilidad interior y una firme confianza que les permiten inspirarse e inspirar a otros.

El viaje espiritual que los líderes deben emprender, e inspirar a otros para que lo hagan, empieza con nosotros mismos, pero no necesariamente por nosotros mismos. María le dijo a Steve que buscara tanto dentro como fuera, porque su búsqueda requeriría tanto de exploración interna del alma como de una búsqueda externa de comunión. Para ayudar en ese trayecto interno, todas las tradiciones religiosas han desarrollado disciplinas espirituales o ejercicios. Uno de ellos es la oración, la "canción del corazón", que María le brindó a Steve. Otras incluyen la meditación, el estudio de las escrituras, el canto de himnos, el seguimiento de rituales específicos, peregrinaciones a los lugares santos y la contemplación de la naturaleza. Prácticas semejantes han evolucionado de manera independiente en muchos y diferentes lugares y épocas. Hay una tradición de meditación, por ejemplo, en casi todas las religiones mayores, incluidos budismo, cristianismo, hinduismo, islamismo y judaísmo.

El viaje externo es una búsqueda del espíritu colectivo. Steve halló en María una guía espiritual que había encontrado su camino a través de crisis como la de él. Podría haber obtenido el apoyo de un círculo de amigos, del cónyuge, de colegas cercanos o de una comunidad religiosa. Sea cual sea la fuente de apoyo externo, el primer paso que tomamos hacia la iluminación es una exploración de nuestro ser interior, una búsqueda de nuestro centro existencial. Solo entonces podremos guiar a otros.

Steve está aprendiendo a enfrentar sus miedos, de dejar ir, de no tener el control, de perder contacto con las anclas que habitualmente le daban comodidad. Está adoptando la antigua máxima espiritual, que dice que mantenerse atado fuertemente a cualquier cosa, es perderlo todo. Como un maestro Zen del siglo XVII dijo: "El Gran Camino no es difícil para aquellos que están desapegados de sus preferencias. Deja ir los anhelos y las aversiones, y todo estará perfectamente claro".[1] El poeta y visionario William Blake lo dijo de otra manera:

> El que a la alegría vivir le ha impedido
> Las posibilidades de una vida ha destruido,
> Pero el que besa la alegría al pasar
> Vive en un eterno despertar.[*]

Las conversaciones de Steve con María lo están ayudando a encontrar la determinación de seguir adelante.

---

1. Las primeras líneas del poema de Seng-Tsíanís "The Mind of Absolute Trust", citado por Mitchell, *The Enlightened Heart, op. cit.*, p. 27.

* *He who binds to himself a joy*
  Does the winged life destroy;
  But he who kisses the joy as it flies
  Lives in eternity's sunrise.

No puede saber de antemano hacia dónde lo conducirá su búsqueda. La decisión de empezar y la convicción de perseverar se apoyarán en su fe en la dirección más que en un conocimiento anticipado del destino. El viaje empieza solo cuando el corazón de Steve le dice que eso es lo que debe hacer, aun cuando la razón y la lógica le digan otra cosa. Al escuchar la canción de su corazón y encontrar el valor para responder al llamado, se embarca en una odisea. Al continuar, verá cosas que alguna vez fueron invisibles y hará cosas que alguna vez fueron imposibles.

Steve ha vivido su vida en una zona segura, esperando así minimizar la incertidumbre y evitar el dolor. Ahora ve que su paraíso de seguridad era una prisión espiritual. "Es a través de los saltos apasionados de la fe que nosotros impulsamos al espíritu humano hacia adelante. La seguridad de lo conocido, que solo conduce al aburrimiento, sofoca la experiencia de la vida. Como sucede con los héroes de cualquier parte, el curso de nuestras vidas puede convertirse en el faro que guíe a otros en sus propias búsquedas".[2]

La historia está llena de gente común y corriente que ha hecho cosas extraordinarias. Al vencer a la angustia y al dolor, ellos encienden su espíritu y dan fuerza a los demás. Nuestra sociedad moderna nos anima a seguir recetas o a consultar a expertos en lugar de motivarnos a buscar la fortaleza en nuestro interior. Compramos libros de dietas como un sustituto de una verdadera pérdida de peso. No es para admirar que nos sintamos impotentes al encarar tantas enfermedades sociales y organizacionales. Más allá de nuestra incapacidad, hay un vacío espiritual. Que mina nuestra fe, debilita nuestro corazón y nos deja hundidos.

Bill Irwin ofrece un ejemplo vívido de lo que un espíritu poco común puede hacer. El exceso de alcohol lo dejó ciego cuando tenía 28 años. A sus 50, ya como alcohólico re-

---

2. Blake, W., citado por Mitchell, *The Enlightened Heart, op. cit.*, p. 95.

APOYÁNDOTE EN TU MIEDO

cuperado, decidió participar en las 2.167 millas de la ruta a través de los Apalaches. Por toda compañía tenía a su perro guía. Se enfrentó a obstáculos desalentadores –acantilados, tormentas, terreno escarpado y sus propios temores– y tuvo que soportar las incomodidades de condiciones primitivas, picaduras de insectos y hasta hiedras venenosas. Antes de comenzar, se comprometió con la travesía: "No importa cuántas veces me caiga, siempre podré arrastrarme hasta Maine".[3] Ocho meses después, se convirtió en la primera persona invidente en recorrer la totalidad de la ruta. ¿Cómo lo hizo? Nunca se detuvo a mirar la ruta. Simplemente la siguió. No se ajustó a los planes que otras personas habían concebido para la vida de un ciego. Buscó su propio plan, el que su espíritu necesitaba seguir.[4]

En la historia de Bill Irwin se encuentra grabada una dualidad de mensajes, la imperfección humana y la trascendencia humana. La irresponsabilidad de su juventud lo condujo a la ceguera. Pero él hizo suya una máxima que ofrecía una alternativa al superficial optimismo de los años sesenta y al profundo pesimismo de los años 80 y 90. Dice así: "No estoy bien. Tú no estás bien. Pero todo está bien".[5]

Paradójicamente, al aceptar nuestras imperfecciones, desarrollamos la convicción de que necesitamos embarcarnos en una búsqueda bien definida de un mejor lugar. También nos damos cuenta de que el término de una búsqueda es el inicio de la siguiente. Ernest Becker, autor del libro *The Denial of Death,* ganador del Premio Pulitzer, apuntó que el hombre es un dios que defeca.[6] Esta paradoja llega al corazón de la espiritualidad. Negar nuestras imperfecciones es negar nuestra humanidad y desconectarnos de nuestra alma. El líder que falla, como el dios que defeca, es una

---

3. Hammerschlag, C. A.: *The Theft of the Spirit, op. cit.,* p. 45.
4. Irwin, B., citado por Hammerschlag, *The Theft of the Spirit, op. cit.,* p. 47.
5. Hammerschlag, C. A.: *The Theft of the Spirit, op. cit.,* p. 45.
6. Becker, E.: *The Denial of Death.* Free Press, New York, 1975, p.34.

© GRANICA   61

paradoja que solo a través del espíritu podemos aceptar y cobijar.

En una ocasión, un predicador les preguntó a un grupo de niños: "Si todas las personas buenas del mundo fueran rojas y todas las personas malas fueran verdes, ¿de qué color serían ustedes?". Una niña estuvo pensando mucho tiempo, muy seria. De pronto, su carita se iluminó y dijo: "Reverendo, yo sería rayada".[7] Todos somos rayados. El aceptar el miedo y la imperfección y, al mismo tiempo, tener el deseo de emprender el viaje de descubrimiento, nos lleva hacia el centro más profundo de la vida, "el valor interno, el éxtasis que se asocia con el estar vivo".[8]

7. Kurtz, E. y Ketcham, K.: *The Spirituality of Imperfection, op. cit.*, p. 56.
8. Campbell, J. (con B. Moyers): *The Power of Myth.* Doubleday, New York, 1988, p. 5.

DONES

CAPÍTULO 7

DONES DEL LIDERAZGO

Finales de noviembre. Cielo triste. Fría llovizna. Mientras él subía con dificultad el sendero, veía cómo ella lo observaba a través de la ventana. Su paso era enérgico. Pero su cara decía otra cosa. Frustración. Desaliento. Algo incompleto.

Después de los saludos de rigor, ella fue al grano.

–Te ves decepcionado.

–Sí y no. Altas y bajas. Algunas veces estoy flotando. Es como una gran aventura. Los errores ya no me abaten tanto. Tenías razón acerca de la oración: ayuda.

–Estás encontrando canciones del corazón.

–Particularmente de Gwen.

–¿Gwen es especial para ti?

–Le pedí que nos casáramos.

–¿Aceptó?

–Todavía no. Pero me ha hecho ir a la iglesia uno que otro domingo. Hacía mucho tiempo que no iba. Había olvidado el poder. Las oraciones. La música. La liturgia. El sentimiento de comunidad.

–¿Y qué pasa los otros domingos?

–Nos vamos a caminar alrededor del lago. Hablamos. Escuchamos el viento a través de los árboles. Almorzamos siempre en una pradera. Si observamos bien, se pueden encontrar reverencias y rituales en la naturaleza.

Ella asintió.

Él miró alrededor del cuarto. De pronto se dio cuenta.

–No hay fotografías –dijo.

–¿Qué?

–Que no hay fotos. La primera vez que vine me di cuenta de que faltaba algo. Hay piezas de arte bellísimas, pero no hay amigos, no hay familia. No hay personas por ningún lado.

Creyó ver algo diferente en los ojos de María. ¿Confusión?, ¿tristeza? Rápidamente desapareció.

–El arte es suficiente –dijo ella.

¿Estaba diciendo la verdad? ¿Escondía algo? ¿Estaba siendo demasiado entrometido? ¿Estaba rehusando nuevamente sus propias luchas?

Ella siguió adelante, al parecer, ignorando las preguntas implícitas.

–Decías que los errores ya no te perturban tanto.

Él sospechó que trataba de cambiar el tema, ¿por qué? Decidió dejarlo pasar.

–Ya no tanto. Tengo más claro lo que es importante. Pero es difícil de expresar.

–¿Por qué?

–Cuando menciono la palabra espíritu, las otras personas se quedan mirándome como si fuera un extraterrestre.

–¿Todos?

–Gwen no, ella entiende. También algunos de mis amigos, pero nadie en el trabajo.

–¿Qué sucede ahí?

–Soy su jefe. Actúan con cuidado. Puedo sentirlo. Lo veo en sus ojos. Por ejemplo, he estado tratando de obtener su apoyo para un "desayuno del espíritu" semanal. Hasta el momento, no creo que nadie asista. Me siento como el director de una orquesta que en una desviación del camino se fue por la izquierda, mientras que todos los demás se fueron por la derecha.

–Estás tratando de dirigir, pero nadie te sigue.

–Es como un majestuoso solo de batería.

–Steve, estás descubriendo uno de los más preciosos dones de la vida, el tesoro del espíritu humano. Necesitas compartirlo. Vas a dirigir con alma cuando te des a los demás.

–Se supone que los líderes dan direcciones –dijo él.

–¿Qué tal que yo te he dirigido a buscar tu alma?

Se detuvo por un momento, para esconder su vergüenza.

–Yo lo habría abandonado. Lo quería de cualquier manera. Quizá es lo mismo con las personas en la organización. Suena bien eso de compartir el espíritu, pero ¿cómo?

–A través de dones.

–¿Dones?

–Fíjate en cualquiera de las grandes tradiciones espirituales. Encontrarás dos preceptos morales en su centro: Compasión y Justicia. ¿Existen en el corazón de tu organización?

–Desearía que los hubiera.

–Los puedes construir dando dones.

–¿Qué dones?

–Cuatro en particular. Surgen de dos dualidades básicas: yin y yang, materia y espíritu.

–¿Dualidades? –trató de mostrarse escéptico.

–Opuestos que hacen que el otro sea posible.

¿De qué estaba hablando?

–Algo así como "si no hay dolor no hay ganancia".

–Bien dicho. Opuestos armónicos. Los cuatro dones ofrecen balance.

–Sin duda, a mi organización no le vendría nada mal algo de balance, pero ¿cómo?

–Del yin, que tradicionalmente se considera como el principio femenino, el cuidado y la compasión, el don del amor; y del yang, visto como el principio masculino, autonomía e influencia, el don del poder. De la materia, el mundo pragmático, logro y arte, el don de la autoría.

–¿Y el cuarto?

–Después, cuando estés listo.

Sintió una punzada de enojo. ¡Por favor! ¿Acaso era un niño? No necesitaba que le dieran de comer en la boca.

Al parecer ella notó su enojo.

–La impaciencia frena tu viaje –le dijo.

Pensó que ella antes había tenido razón. –Está bien –dijo–. Empecemos con el último. Háblame de la autoría.

–Es el sentimiento de poner tu sello personal en tu trabajo. Es el gozo de crear algo de gran valor. El sentimiento de poner algo especial en tu mundo.

–En eso me he estado concentrando. Hemos trabajado duro en nuestro Programa de Calidad de Clase Mundial. Hemos hecho que nuestras gentes se concentren en la excelencia. Que produzcan algo de lo que estén orgullosos.

–¿Estás satisfecho con los resultados?

–En realidad, no. Mientras más fuerte presiono, más fuerte siento que presionan en sentido contrario.

–Por ejemplo…

–Tuvimos una reunión la semana pasada para discutir por qué estábamos atrasados en el programa de calidad. Les dije que nunca podríamos consolidar el sentido de la responsabilidad si seguíamos quedando mal con nuestras fechas límite.

–Ve la paradoja. Esperas que ellos lleguen a ser lo que tú crees que ellos no son. Estás tratando de que acepten algo que no crees que ellos quieran aceptar.

–Solo trato de motivarlos a que den lo mejor de sí mismos. ¿No es eso liderazgo?

–¿Motivas a un rosal a que dé flores? ¿Puedes impedir que un niño crezca? Cuando presionas a las personas para que sean lo que ellos están tratando de ser, los interrumpes. Te conviertes en un entrometido.

Sintió que la sangre se le subía al rostro. Se le secó la garganta. Su voz salió de lo más profundo.

–¿No me acabas de decir que les dé a las personas autoría? ¡Eso es precisamente lo que trato de hacer! ¿De qué otra forma se supone que puedo hacer que se fijen metas más altas?

–¿Por qué los maestros Zen enseñan que si te encuentras a Buda en el camino, debes matarlo?

Su frente se frunció asombrada. ¿Por qué a cada pregunta tenía que responder con otra pregunta? ¿Qué trataba de decirle? Miró al piso. Seguía buscando la conexión. Finalmente, apareció. Porque las respuestas no están afuera. Están adentro.

–Te pregunto algo cuando de antemano ya sé la respuesta.

–Lanzó una mirada hacia la ventana. El clima seguía terrible, pero aun así era un buen momento para otra caminata.

Empezó a bajar por las escaleras. Seguía lloviendo. Hacía frío y había mucho viento. ¿Debía regresar adentro? No, quería tiempo para estar consigo mismo. Se abrochó la gabardina y se lanzó hacia fuera.

CAPÍTULO 8

AUTORÍA

Suspendió su caminata. Estaba demasiado frío.

Ella le ofreció algo de beber. –Aquí tienes algo para quitarte el frío.

–El quinto don, el café –replicó él.

Ella rió. Steve tomó un trago de la oscura bebida. No había grullas, era una simple taza beige.

–Tenías razón –dijo él.

–¿Sobre qué?

–Al devolverme mi pregunta –continuó–. Quería que hicieras mi trabajo. Y no lo hiciste. Yo tuve que crear mi propia composición.

–¿Te fue bien?

–Me di cuenta de algo. Estaba haciendo contigo lo que las personas en mi trabajo hacen conmigo todo el tiempo.

–¿Y qué hacen?

–Delegar hacia arriba. Arrojar todas las cosas en mí.

–¿Por qué?

–Conspiración. Siempre me ha gustado ser el tipo que resuelve los problemas difíciles. Ellos saben que me encanta. Me dan lo que yo quiero.

–Es una buena manera de estar ocupado.

–Agobiado. Crónicamente. Con el trabajo de los demás. Ellos se desentienden. Se protegen para no cometer errores y para no aprender. Mientras tanto, yo no tengo tiempo para hacer lo importante.

–Es la maldición del líder estadounidense. Particularmente de los hombres.

–¿Qué maldición? Un indicio de malestar. ¿Es el hombre golpeando una parte del programa?

–No. Pero el fuerte individualismo está muy adentro de la psique estadounidense. ¿Recuerdas a Gary Cooper en *High noon*? El líder salva solo la situación mientras todos los del pueblo permanecen agazapados. Es un mensaje cultural endémico: "Si tienes un problema, espera que el héroe te rescate".

–Y pobre del héroe si las cosas no salen bien –añadió él.– El resto de nosotros no nos sentimos responsables. El trabajo del líder es resolver nuestros problemas.

–En Japón es diferente –dijo ella–; hay grupos de trabajo que se encargan de resolver los problemas del líder.

–Tuve una idea similar durante mi caminata. Una vez leí acerca de dos ejecutivos de una compañía petrolera. Ambos tenían el mismo problema, un incendio en la refinería. El ejecutivo estadounidense recibió una llamada en su casa. Corrió al trabajo. Se reunió con su gente. Obtuvo reportes de la situación. Dio órdenes. Una frenética mañana de trabajo tratando de combatir el incendio.

–Un hermoso ejemplo de cómo se trabaja en Estados Unidos.

–El ejecutivo japonés llegó a su oficina. Se tomó una taza de té. Se relajó. Leyó el periódico. Revisó los reportes. Reflexionó sobre la estrategia de Medio Oriente. Se enteró de que el fuego estaba bajo control. Sus subordinados le explicaron cómo lo habían manejado. Los felicitó.

–El japonés sabía sobre el don de la autoría –replicó ella.

–Quizá los ejecutivos japoneses disfrutan de la vida más que yo. Siempre pensé que era bueno delegando. Que era claro acerca de las expectativas. Un buen seguidor. Pero aún me tropiezo en el camino y acaparo todo.

–Así, tu gente no tiene un sentido de autoría.

–Demonios, no. Siempre están viendo por arriba de sus hombros. Tratando de adivinar qué quiero. Luego yo me quejo de que no tienen responsabilidad. Es un círculo vicioso.

–Donde nadie gana.

–Si tienen éxito, me quedo con el crédito. Si fallan, les echo la culpa. Lo más ilógico es que yo me involucré en un programa de motivación, tratando de persuadirlos para que hicieran lo que ellos ya querían hacer, si tan solo no me hubiera metido a interrumpir.

–Es el patrón clásico. Tú eres el papá y ellos los hijos. Los proteges de la responsabilidad. Buscan en ti dirección y seguridad.

–Ellos saben que yo tengo la última palabra. Reviso todo lo que hacen. ¿Para qué darme lo mejor de ellos? Saben que de cualquier forma yo lo voy a cambiar.

–En tu pequeña caminata hiciste mucho –ella sonreía.

–Más de lo que crees. Me adelanté y empecé a pensar en el don del amor.

–¿Cuán lejos llegaste?

–No mucho. Me sentí como si caminara sobre hielo muy fino. Me mantuve cerca de casa. Empecé con Gwen, la amo. Lo sé en lo más profundo de mi corazón. Desearía poder expresarlo mejor. Necesito entender el amor como un don.

–¿Qué está pasando contigo y con Gwen?

–Cosas buenas. Pero es difícil hablar de ellas–. ¿Por qué pregunta?, debía tener una razón, siempre la tenía.

–Me da gusto. Sigue dando. Aprenderás con la práctica.

–¿Y si me encuentro con Buda?

–Ámalo. Estás progresando –ella se reía–. Incluso ya no me vas a necesitar dentro de muy poco. –Lo encaminó a la puerta.

Él dijo adiós; quería decir más. ¿Por qué dijo ella que quizá ya no la necesitaría? ¿Lo estaba lanzando hacia afuera? No quería eso. Aún no.

AMOR

Era febrero. Estaba helando. La lluvia chocaba contra su parabrisas. El pronóstico del tiempo había prometido que habría nieve en las montañas. Le gustaba manejar en la nieve. Hacía que las cosas se vieran más suaves. Nada podía interrumpir su soledad. Tenía oportunidad de imaginar.

Pensó acerca del amor. ¿Qué es lo que hace que esa palabra sea tan poderosa? Podía hablar de amor con Gwen. A veces, también con sus hijos. Pero nunca en el trabajo. ¿Quién habla de amor en una corporación? Hablas de amor en las bodas. Faltaban seis meses para la boda. Gwen finalmente había aceptado. Quizá el único amor del que se sentía seguro.

Faltaban dos meses para su viaje a Singapur. Habían hecho una nueva adquisición. Una gran compañía. Una fusión es algo así como una boda, pensó. Dos compañías diferentes que se unen en una sola. Podemos aprender de la que adquirimos si antes no la aniquilamos. Ese era el peligro: te poseemos, así que hazlo a nuestra manera.

Ese era el punto. Era el mismo problema con Gwen. Sus más grandes peleas se habían dado cuando él trató de hacerla más a su manera. Aun cuando la amaba justo por no ser como él. Amarla significa valorar lo que ella es. Lo mismo con la nueva compañía. Debe ser algo mutuo.

Todo estaba blanco, una cerrazón casi total. Nevaba tan fuerte que en cuanto pasaban los limpiadores ya era imposible ver. Se orilló y apagó el motor. Silencio. *Amaba* las noches así. Pero el don del amor es algo más profundo. Más espiritual. Sonrió al pensar en el espíritu. No se le habría ocurrido antes de conocer a María.

Oyó las máquinas quitanieve. Zumbando. Tronando. Después de que pasaron, se fue detrás de ellas. Llegó pasada la media noche. Había dejado de nevar. El cielo se limpió rápidamente. Vio luz en el estudio de María; estaba esperándolo. Él tenía la esperanza de que así lo hiciese.

Se detuvo a ver el cielo nocturno. Algunas nubes oscuras tapaban las estrellas. La luna, casi llena. Anteriormente, noches como esta le parecían propicias para una comedia cósmica. Ahora, esta noche, le parecía propicia para el amor.

–Debes estar agotado –dijo María desde la entrada.

Estaba sorprendido. Olvidándose de la rutina, no la esperó para acercarse a la puerta.

–Físicamente, sí –le respondió–. Espiritualmente, nunca he estado mejor.

Entró. Lo esperaba una taza de café bien caliente.

–Me empezaba a preocupar –dijo ella.

–No era necesario. Llevo mucho tiempo manejando. Tuve que detenerme un momento. Una cerrazón casi total. No se podía ver nada.

–¿Y qué hiciste?

–Me orillé. Vi la nieve. Pensé en el amor.

–Y ¿qué pasó?

–Llegó un equipo de máquinas quitanieve y lo seguí.

–Esa no era mi pregunta.

–Lo sé –la miró–. Me has dado amor desde la primera vez que nos conocimos.

No estaba preparada para su reacción. Ella desvió su mirada por un momento, pero no dijo nada.

Él continuó. –No entendía el amor. Pensaba que solo era atracción y deseo. Como un negocio: inviertes con la esperanza de recibir mucho a cambio. Pero no es así.

Ella se levantó.

–Hablemos mañana. Aunque tú no estés cansado, yo sí. Si tienes hambre, fíjate qué encuentras en el refrigerador. ¿Nos vemos a las ocho?

Asintió en silencio.

–Iremos a caminar antes del desayuno –añadió ella–. Va a estar bellísimo. –Se alejó.

–Te veo en la mañana –respondió él.

Estaba perplejo. Cuando mencionó al amor, pareció que ella se retraía. Se sirvió más café. Estuvo vagando por la casa. Todo ese arte. Sin fotografías de personas. Ella es muy intensa pero siempre controlada. ¿Qué habrá detrás de su máscara? ¿Tiene miedo de algo? ¿Se debe a eso que viva sola y tan lejos?

En la mañana el sol brillaba sobre la nieve recién caída. María era la misma. Cálida. Confiable. Inescrutable. Él quería preguntarle sobre la noche anterior. Decidió empezar en terreno más seguro.

–¿Cómo doy amor en mi organización? –preguntó mientras caminaban.

Ella sonrió. Él vio cómo su aliento formaba una nube transparente a través del aire helado.

–En Japón, algunos ejecutivos dedican un tiempo en la semana a lavar baños. Es parte de su don.

–De verdad que lo he intentado, pero las personas ya están empezando a verme raro.

–¿Cómo saben las personas que te preocupas por ellas? –preguntó.

–Probablemente no lo saben. Particularmente ahora. Tuvimos que liquidar gente el mes pasado.

–¿Cómo lo hicieron?

–Hicimos de todo. Les avisamos con anticipación. Los supervisores se reunieron con cada uno de los afectados. Les pagamos consultoría. Contratamos un servicio externo de colocación.

–¿Hablaste tú personalmente con ellos?

–No. Ellos estaban tres o cuatro niveles más abajo. A la mayoría no los conocía.

–¿No eres su líder?

Él se detuvo y contempló el paisaje cubierto de nieve.

–¿Ves cómo las ramas se doblan por el peso de la nieve? –preguntó.

–Sí.

–Así me siento en el trabajo. Abatido por la carga. Como si ya hubiera dado todo lo que puedo. Ya no tengo más para seguir.

–Es al revés –dijo ella–. Quizá estás abatido porque no has dado lo suficiente.

–No tanto como ese ejecutivo japonés. De acuerdo con ese parámetro, no le he mostrado a mi gente cuánto es lo que me preocupa.

–¿Ellos se preocupan por ti?

–En realidad nunca lo he pensado. Preocuparse por el jefe no está en la descripción del puesto.

–¿Crees tú que el amor es una vía de un solo sentido? ¿Por qué no hablaste con las personas que liquidaron? Mirarlos a los ojos. Darles apoyo. Mostrarles que los entendías.

–Estaba ocupado –protestó con poco entusiasmo–. No quería debilitar la posición de los jefes, saltarme la cadena de mando.

—Eso suena bastante ridículo.

—Está bien. Quizá temía enfrentarlos. Así que dejé que alguien más lo hiciera.

—Si demuestras a las personas que no te preocupan, te responderán con la misma moneda. Muéstrales que te preocupan, y ellos te responderán igual.

—Es el viejo adagio. Cuando das amor, recibes amor.

—Suena tan sencillo que muchas personas no creen en eso. El precio es tan sutil, tan difícil el comprometerse. La mayoría de los administradores nunca llegan a darse cuenta de lo que están perdiendo. Cuando las personas saben que alguien se preocupa por ellas, se nota. Lo puedes ver en sus caras. Y en sus acciones. El amor es el don que permite seguir dando.

Era el momento que él estaba esperando.

—¿Por qué entonces —preguntó— anoche rechazaste lo que yo te dije?

—Me llegó, pero no lo esperaba. Me estabas ofreciendo algo para lo que yo no estaba lista.

—¿Estaba llegando demasiado lejos?

—No, lo estabas haciendo muy rápido. Tuvo que ver con la oportunidad, el ritmo.

Oportunidad. Una vieja lección. Siempre estaba a las carreras. Había tratado de apurarla. Comprometerla. Ella no había rechazado su oferta. Pero no se dejaría atrapar en su urgencia. Él tenía mucho más que aprender.

Volvió a pensar en su organización.

—Respecto de la gente que liquidamos, perdí la oportunidad. Pero aún puedo hacer algo con los que se quedaron. Tengo que ir a Topeka, y a Singapur también. Ya he empezado a dar autoría. Debo aprender más sobre el amor como un don.

—Recuerda algo, Steve. Cada persona es diferente. Gran parte del amor es ocuparse lo suficiente para descubrir lo que realmente es importante para los demás.

–Es algo que no he hecho. No anoche, ni tampoco en mi organización. Necesito hacerlo. Da miedo. Abrir mi corazón a las personas que están alrededor mío. No voy a lavar baños. Voy a encontrar mi propio camino.

CAPÍTULO 10

PODER

Era un brillante día de primavera. Había pasado más de un año desde que se conocieron. Las siemprevivas bordeaban el camino hasta la puerta. Sonrió al recordar su primera visita. Había estado tan atemorizado y perdido... Nada como la alegría que sentía al verla de nuevo.

–¿Qué tal estuvo Singapur? –preguntó ella.

–Pesado. Más pesado de lo que esperaba. Pero todo salió bien.

–¿Qué pasó?

–Traté de demostrarles que me preocupaba por ellos. Darles un don de mi parte.

–¿Ellos esperaban amor?

–No. No al principio. Hubo muchas sonrisas de cortesía, pero podías sentir la frialdad. Dieron una recepción. Pronuncié un pequeño discurso. Hablé de preocuparse por los demás. Fue un fracaso.

–¿Cómo sabes que no diste en el blanco?

–Brazos cruzados y caras inexpresivas por todos lados.

–¿Qué pasó después?

–Fui a la planta. Uno de los trabajadores, un joven con bigote y sonrisa adusta, me propuso que usara su máquina. No tenía alternativa. Había una multitud a mi alrededor.

Me sentí como una oveja en medio de lobos hambrientos. Empecé a andar a tientas con la máquina. Las personas creyeron que era divertido.

–¿Y te apreciaron por eso?

–Justo fuera de la planta, eso se había convertido en el gran evento. Hablaba con las personas. Contestaba preguntas. Era como si hubiese pasado una prueba. A la salida conocí a una mujer, de unos cincuenta años, china, de mirada seria. Vino y me abrazó. Me dijo que todos pensaban que solo me preocupaba por el dinero. Entonces agregó: "Tenemos un amigo en Estados Unidos".

–¿Cómo te sentiste?

–Cuando un trabajador en Singapur te da un abrazo es algo verdaderamente asombroso.

–El amor te funcionó –ella sonrió–. Cada grupo crea un campo de prueba. Es como un lugar sagrado que casi nadie sabe que existe. Cuando entras y te das desde el fondo de tu corazón, las personas saben que te preocupas por ellas.

–Sea lo que sea que haya funcionado en Singapur, en Topeka salió al revés.

–¿Qué pasó ahí?

–La oportunidad, era mal momento. Seis meses después de las liquidaciones. Sabía que iba a ser difícil. Pero como mi primer trabajo después de la universidad fue en Topeka, creí que aún estaría como en familia.

–Eso suena como una suposición peligrosa.

–Así lo descubrí. Estaba este tipo grande, parecía un jugador de futbol americano de la NFL. Manejaba una grúa. Cáustico como el infierno. Bueno, en cuanto llegué, estaba frente a mí, gritando. Había despedido a sus amigos. Y yo llegaba pretendiendo que éramos una gran familia. Me dijo que era un hablador. Como todos los grandes necios con grandes salarios.

–Debe haber sido un golpe serio.

–¿Te acuerdas del golpe que me di con el árbol? Fue peor. Torturante. ¿Cómo te hubieras sentido estando ahí?

–Ya he estado. Sé como es. No es nada agradable.

–Se puso peor. Supieron muy bien cómo hundir el cuchillo. Al terminar el día, estaba derrotado. Me senté en el cuarto del hotel, con una copa de vino. Me sentía mal conmigo mismo. Quería esconderme. Salir de ahí.

–Fue cuando me llamaste, ¿no? Me despertaste.

–No era tan tarde. Pensé que estarías aún despierta.

–No me sentía bien.

–Te llamaré más temprano la próxima vez. ¿Estás bien?

–Han pasado muchas cosas este año.

–Me ayudaste a ver que había llevado el don equivocado. Otra vez no era el momento oportuno. Yo ofrecía amor. Ellos hablaban de las porquerías, ¿por qué despediste a nuestros amigos? No esperaban que alguien se preocupara por ellos. No yo. Lo que realmente querían era poder.

Ella se rió. –Te metiste muy adentro de ti mismo, ¿lograste salir?

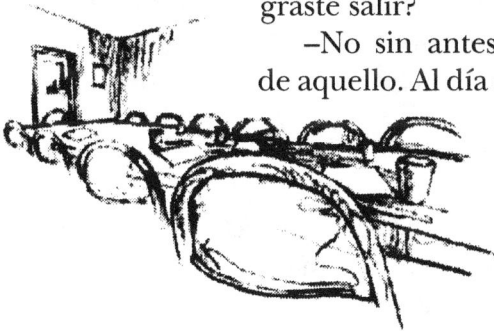

–No sin antes haber ingerido más de aquello. Al día siguiente tuvimos una reunión. En una vieja sala de juntas en la planta. Paredes desnudas y descascaradas, luces fluorescentes, mesa de fórmica, sillas plegadizas. Martha Méndez, la líder sindical y su comité ejecutivo, sentados de un lado de la mesa. El administrador de la planta y yo, del otro. Ellos furiosos. Yo con miedo. Méndez saca todo. Lo que expone acaba con el cuadro, con la administración y conmigo. Me muerdo la lengua tan fuerte que llega a sangrar.

–Suena brutal. ¿Ya se te cerraron las heridas?

–Están sanando. Me senté. Escuché. Pregunté. Les dije que había entendido el mensaje: se sentían traicionados.

La administración había estado hablando durante mucho tiempo de escuchar, de participar, de dar poder. Cuando se presentó el problema, nos dio amnesia. "¿Admiten que lo estropearon todo?", preguntó Méndez.

–¿Cómo respondiste?

–Con trabajo pude hablar, pero dije que sí.

–Realmente estabas en una posición bastante peligrosa.

–En la copa de un árbol de treinta metros y Méndez preparando su sierra mecánica. Prometí dos cosas. La siguiente vez, dije, escucharemos. Y que trabajaríamos juntos para hacer que la planta tuviera éxito.

–Las liquidaciones son malas para tener credibilidad. ¿Te creyeron?

–No, no en un principio. Pero un par de semanas después me volvieron a invitar. Algunos empleados y administradores habían trabajado juntos para desarrollar algunas propuestas. Hicieron su tarea. Recolectaron datos. Hablaron con otras plantas. Vivieron algunos conflictos. Lograron consenso sobre lo que se necesitaba. Algunas de esas cosas requerían del apoyo de la dirección general. Era otra prueba, creo. Y casi repruebo.

–¿Cómo?

–Un trabajador encendió los entusiasmos con una idea a medio desarrollar. No había forma de que gastáramos tal cantidad de dinero sin haberlo analizado más cuidadosamente. Estuve a punto de decirle que cómo proponía semejante estupidez, pero me mordí la lengua y lo pensé mejor. Le pedí que condujera un grupo de trabajo para estudiarlo más a fondo. El joven irradiaba felicidad.

–Parece que fue una buena jugada. Ceder no concede el poder a las personas. Pusiste un buen ejemplo. Fuiste a la planta. Escuchaste. Estuviste abierto.

–Algunas de sus ideas eran fantásticas. De esas que son fáciles de aceptar. Esa noche, Méndez me invitó a su casa a una barbacoa. Todo el comité ejecutivo del sindicato estaba ahí. La mejor reunión que yo haya visto para consolidar un equipo.

–¿Qué aprendiste?

–Puedes repartir el poder y al final tener más. ¿Recuerdas el anuncio de esa gasolinera? Siempre pensé que el poder era como el tigre en el tanque de gasolina. No quieres que el tigre se salga, haz solo que las personas lo escuchen.

–Atesorar el poder, sofocar el espíritu.

–Eso fue lo que aprendí en Topeka.

CAPÍTULO 11

SIGNIFICACIÓN

Estaba sorprendido, preocupado, cuando ella abrió la puerta. Sus cabellos grises y las líneas en su cara siempre habían estado ahí, pero no era lo primero que se notaba. ¿Estaba cansada? ¿Enferma? Su cara no le decía nada. Sus ojos y su sonrisa eran tan misteriosos como siempre.

Ella lo encaminó hacia dentro. –Hay café caliente.

Steve agradeció. –¿Viste las noticias? Murió otra joven estrella de cine. Un problema de drogas.

Ella asintió. Parecía que entendía. ¿Por qué él no?

–¿Cómo puedes tener todo y no tener nada? –preguntó él.

–¿Te recuerdas a ti mismo la primera vez que nos conocimos?

¿Estaba lanzando otro anzuelo? Lo mantuvo alerta. Lo forzó a pensar.

–Tienes razón. Mientras más alto sube uno, significa cada vez menos.

–Te sentías insignificante.

–¿Y qué significa eso?

–Significa que estabas vacío en tu centro. Sin alma, sin espíritu, nada.

–¿No me das algo de crédito por el progreso?

–¿Quieres hablar del pasado o del futuro?

–María, eres la persona más exigente, exasperante.

Ella lo interrumpió y señaló la puerta. Lo agarró por sorpresa.

–Tú pediste que nos reuniéramos. Te puedes ir cuando quieras.

–¡Irme! Manejé tres horas para llegar hasta acá –se detuvo, y se rió de sí mismo. ¿Ni siquiera un aprobado por el esfuerzo?

Ella rió también. Debió haber sabido cómo iba a reaccionar Steve.

–¿Cómo está tu espíritu? –preguntó en tono amable.

–Recuerdo la primera vez que me lo preguntaste. Pensé que estabas en un juego diferente. No tenía sentido para mí. Ahora, tiene mucho.

–Has hecho progresos, pero parece ser que traes algo más en mente.

–El cuarto don. Nunca me dijiste cuál era.

–No necesito hacerlo. Ya lo sabes.

–¿Sí?

–¿De qué estabas hablando?

–De cuán exasperante puedes ser.

–Antes de eso, ¿recuerdas?

–De la estrella de cine que murió. Tener todo y no tener nada. Sentirse insignificante.

–¿Por qué no empezamos por ahí?

–Me sentía insignificante, ya no. Las cosas empiezan a tener sentido. –Se detuvo, buscando la palabra correcta. ¡Significación! De eso trata el cuarto don. ¿Cómo no lo había visto antes? Entonces le cayó el veinte.– Es lo que me has estado dando.

–Y ahora, tú puedes darlo a otros.

–¿Cómo?

–¿Quieres que haga tu trabajo? Tú sabes acerca de autoría. Es tu organización. ¿Qué se te viene a la mente?

–Las veces en que me he sentido significante. Quizá lo que me funciona a mí puedo aplicarlo a la organización.

–Sigue adelante.

–Como mi visita a Singapur. Fue como estar en un nacimiento. Unirnos para crear algo nuevo. El poder de la emoción compartida. Crear un espíritu común que tocara a todo el mundo.

–¿Cómo pasó?

–Quizá fue magia. Quizá fue amor. No estoy seguro. Nos preparamos, y mucho. Todos conocían el libreto, aunque no estuviera escrito. Y aún así sentí que fue algo muy espontáneo.

–Así es como se sienten los buenos ritos.

–Los malos pueden hacer que el tiro salga por la culata. Mi lección en Topeka empezó siendo un desastre. Me creí Santa Claus dando regalos. Y ellos pensaron que era el señor Scrooge arrebatándoles a sus amigos.

–¿Qué aprendiste de esa experiencia?

–No puedes imponer la significación. Debe ser creada entre todas las personas.

–Exactamente. La significación viene al trabajar con los demás, al hacer algo valioso, al hacer un mundo mejor. Después de eso, te das cuenta del sentimiento y profundizas en él.

–¿Cómo?

–Con celebraciones.

–¿Celebraciones?

–Eventos memorables para ocasiones especiales. Ceremonias que solo tienen lugar pocas veces durante el año. Conectan a las personas a un mundo espiritual más profundo. Las celebraciones conducen a nuestros corazones y a nuestras almas hacia un destino compartido. Es la manera en que las personas convocan al espíritu. Se unen para señalar los inicios y los términos, los triunfos y los fracasos, los nacimientos y las muertes.

–Casi no hacemos eso en mi empresa.

–Ni en la mayoría. Así, se pierde el pegamento espiritual que mantiene a las personas unidas. Piensa en la religión, ¿cuáles son los lazos que unen a las personas unas con otras?

–¿Conoces el Buda Esmeralda? –preguntó él.

–En Bangkok. Lo recuerdo claramente.

–Los fieles acuden a rezar todos los días. El rey de Tailandia lo visita tres veces al año para cambiar las ropas del Buda. Vestirlo de acuerdo con la estación.

–Para mí es un lugar de gran respeto –dijo ella.

–Como la Catedral de Nôtre Dame en París. Recuerdo cómo me quedé parado, asombrado. La arquitectura, las velas, las estatuas, las pinturas de los santos, las figuras de María y Jesús. Un grupo de monjas que estaban de visita cantaron un himno *a capella*. Espontáneamente. Me dejó sin aliento. Dos sentimientos en uno. Por un lado, me sentía flotar y adentrarme profundamente en mi propia alma, y por otro me sentía unido al espíritu de los otros.

–Ese es el poder del espíritu. Funde el lugar, la música, el arte, los espíritus. Envuelve al mundo cotidiano de misterio y alegría.

–Otro recuerdo. Una vez, unos amigos me invitaron al bautizo de su hijo. Cuando la ceremonia comenzó, el padre se sentó sosteniendo a su hijo. Su padre se sentó detrás de él. Después de un momento, vi que de los ojos del abuelo se deslizaban unas lágrimas. Me dijo que, al estar parado tras su hijo y su nieto, sintió la presencia de su padre y de su abuelo. La eterna cadena humana. Justo ahí. Me sentí defraudado. Nadie había hecho nada para marcar los momentos especiales de mi vida. Vivimos las emociones, pero el espíritu no estaba presente.

–¿En tu compañía se señalan las ocasiones especiales?

Frunció las cejas mientras pensaba.

–No lo suficiente. Nos estamos defraudando a nosotros mismos.

–¿Cuentas relatos?

–¿Qué clase de relatos?

–Fíjate en esta conversación. Te pregunté sobre los lazos espirituales. Contaste algunas historias. El Buda Esmeralda. Tu visita a Nôtre Dame. Los recuerdos del bautizo.

Se le prendió el foco.

–La primera vez que me hablaste de espíritu y corazón, no tenía idea de lo que estabas diciendo. Contaste relatos. Parábolas. El arroyo que quería cruzar el desierto. El joven que se fascinaba con el camino que no veía.

–Los relatos nos llevan a otros mundos. Nos transportan al mundo del espíritu.

–Eso es algo difícil de aceptar si creciste reverenciando al altar de los hechos y la lógica.

–Todos estamos inundados con hechos y detalles. Más de los que podemos manejar. El flujo de la información se mantiene en aumento, y el mundo se ve más y más fuera de control. Escucha las noticias de la noche. ¿Qué ves? Asesinatos, conflictos políticos, problemas por todos lados alrededor del mundo. Es muy confuso. Desalentador. Entonces visitas Nôtre Dame, o vas a un bautizo. Te hace ver más claro para qué estás aquí y por qué todo tiene un sentido.

El verano florecía a su alrededor mientras caminaba hacia su automóvil. Quizá está en las flores, pensó. Se acordó de una historia Zen. El buda había dado un sermón con solo levantar una flor. El significado de las flores es que ellas están ahí, pensó. Y mi significado es que yo estoy aquí. Estoy vivo.

De regreso a casa, estaba saturado con preguntas sobre cómo dar significación a su organización. Se rió. Se acordó con cuánta frecuencia el pronombre posesivo *mí* le había causado problemas en el pasado. Para que las personas se sintieran significantes, sabía que la organización tenía que ser "nuestra", no "mía".

CAPÍTULO 12

COMUNIDAD EMPRESARIAL

Un día húmedo de marzo. La carretera de tierra llena de baches. ¿Cuándo terminará este desvío? ¿Estaba en la carretera equivocada? ¿Dejará alguna vez de llover? Las preguntas daban vueltas en su cabeza. ¿Por qué siendo poco irritantes lo fastidiaban tanto? Como el deterioro causado por los datos de la encuesta al cliente, ¿por qué no lo había previsto? Y sobre todo, ¿cómo era María?

Cuando estaba oscureciendo finalmente llegó al lugar donde estaba ella. María estaba leyendo con música de fondo. ¿Era Mozart? ¿Mahler? Él no estaba seguro. Ella parecía más fuerte. Fue un gran alivio.

–¿Ha tenido un comienzo tardío?

–No, una inundación arrastró parte de la carretera, y tuve que tomar un desvío que no conducía a ninguna parte. Estaba atrapado en un río de fango.

–¿Usted consideró que su situación era un don?

–No al principio –dijo sonriendo–. Pero eso me hizo pensar en los pantanos, y los baches en el camino. En el trabajo. En la vida.

–Los caminos difíciles son los mejores maestros. Nos llevan hacia lugares nuevos.

–Desde que la conocí, he tenido una buena parte de caminos difíciles.

–¿Antes encontraba otros más fáciles?

–Antes no había encontrado ninguno. Estaba lejos en una trinchera en alguna parte –dijo sonriendo–. No la estoy culpando. No es su culpa si todavía no he alcanzado el paraíso.

–No lo tendrá en esta vida.

–Lo sé. Quizá en la próxima.

–Pero puede encontrar la paz.

–¿La tiene usted?

–Más de una vez.

–Todavía no estoy allí.

–Lo estará –sonrió María–. Yo estoy rezando por ambos.

¿Ella le estaba lanzando una indirecta? Pero continuó antes de que él pudiera seguir preguntando.

–Entonces, ¿qué lo está deteniendo?

–Estoy viendo fragmentos aquí y allí. ¿Pero cómo los puedo unir? Durante mucho tiempo todo giraba en torno a mi persona. Usted me ayudó a pasar de mi persona a nosotros. De recibir a dar. Estoy empezando a ver adónde necesito ir, pero no estoy seguro de cómo llegar hasta allí.

–¿Dónde es "allí"?

–Algunos de mis empleados me dicen que no estamos pensando en algo suficientemente grande, somos demasiado insulares.

–¿Cómo es eso?

–Estamos demasiado aferrados a nuestro propio mundo. No pensamos lo suficiente en lo que sucede más allá de nuestra compañía. Cómo nos relacionamos con los clientes, los proveedores y las comunidades de las que somos parte. Con todos los que tenemos contacto.

–El espíritu fluye a través de las fronteras.

–Lo sé. Lo mismo sucede con los dones. Por eso, necesitamos dar a los de afuera así como a los de adentro. ¿Pero cómo hacemos eso? ¿Los mismos dones surtirán efecto?

–¿Por qué no?

–No estoy seguro. Usted me dijo una vez que no estaba dando lo suficiente. Quizá todavía sea cierto. Pero ir más allá de la organización parece agobiante.

–Trate de abordar a un grupo externo a la vez. ¿Qué le parece si considera a los clientes?

–Estamos obteniendo datos inquietantes acerca de la satisfacción del cliente.

–¿Qué están diciendo?

–Que somos demasiado lentos. Que no los escuchamos. Si usted llama al servicio al cliente, recibe una serie de mensajes por el contestador, luego es derivada de un representante a otro. Finalmente, da con alguien que no comprende su problema y no puede hacer nada al respecto.

–¿Qué le dice eso acerca de los dones que los clientes están buscando?

Steve pensó durante un minuto.

–Por un lado, el don de la autoría: ¿cómo hacer más fácil para ellos poner su marca sobre el producto? Por otro lado, el don del poder. Ellos necesitan pensar que pueden recibir nuestra atención y vernos en acción. Especialmente, cuando tienen un problema. El apoyo técnico debe hacer lo que realmente se espera de él. Hemos confiado demasiado en la idea de que si algo se vende, es porque los clientes lo necesitan.

–¿Por qué, si no fuera así, podrían comprar en otra parte?

–Y probablemente lo harán, si no les permitimos conseguir lo que están buscando. Hablamos mucho sobre estar más cerca del cliente. Pero ellos dicen que no estamos lo suficiente.

–¿Cuánto tiempo pasa con los clientes?

–No bastante. Leo todos los informes. Me reúno con las cuentas importantes. Pero necesito hacer más.

–Supongo que eso tiene un coste.

–Dígame algo que no sepa.

–Usted no puede depender de mí para siempre. Yo hice la pregunta. Usted responda.

–De acuerdo. En primer lugar, si no paso un tiempo con los clientes no sabré cómo estamos procediendo.

–¿Y?

–Envío un mensaje a mi personal. Si no es importante para mí, quizá tampoco sea tan crucial para ellos.

–¡Bien hecho! –la voz de María fue suave, pero aún así él pudo percibir su entusiasmo–. ¿Y qué más podría hacer?

–Necesitamos dar más poder a nuestro personal del servicio al cliente, para que ellos puedan resolver los problemas sin recurrir a la jerarquía.

–¿Y por qué no lo ha hecho todavía?

–Probablemente, por temor.

–¿A qué?

–A perder el control de los costes, o del personal.

–¿Usted no confía en su personal?

–¡Uf! –su tono fue más humorístico que de fastidio–.

–¿La pregunta es urticante?

–Toca una fibra sensible. Pasé muchos años de mi vida sin confiar en las personas. Probablemente, eso me costó mi primer matrimonio. Nunca más. Queremos que nuestros clientes prefieran hacer negocios con nosotros en lugar de con nuestros competidores. Además, tenemos que confiar en nuestro personal para que ellos puedan servir mejor a nuestros clientes.

–¿Qué pasa con el amor?

–¿Yo amo a todos los que compran nuestro producto?

–¿Ellos lo saben?

–No. Ellos nos dicen que no están sintiendo el amor.

–¿Y su personal lo siente?

–Cada vez más.

–Cuanto más lo sientan, mejor podrán compartirlo.

–Ellos saben qué es lo que nosotros esperamos. Están concentrados en seguir las normas y mantener bajos los costes. Pero eso no es suficiente. No tenemos un buen sistema para estimar lo que es más importante ¿Están dando a los clientes lo que ellos desean?

–¿Acaso no es eso lo que ellos quieren hacer?

–Probablemente.

–¿Entonces usted ha estado premiando a A mientras abriga esperanzas con B?

–A es fácil de estimar; B es más difícil. Pero si pudiéramos imaginar cómo abordar a B, estaríamos muy por delante de nuestros competidores. Su servicio no es mejor que el nuestro.

–¿Qué puede decirme de la significación? Más allá de cómo se use, ¿qué significa su producto para sus clientes?

–Estamos buscando respuestas. Quisiéramos generar más pasión en nuestros clientes. Como Apple, Subaru, o In-N-Out Burger. Estamos buscando nuestra fórmula secreta.

–¿Quién está haciendo la búsqueda?

–Es un esfuerzo compartido. Espero que cuanta más importancia le demos a nuestro personal, más la transmitirán a nuestros clientes.

–¿Y qué sucede con la comunidad más amplia?

–Al menos hemos dejado de ser necios.

–¿Cómo?

–Desde el momento en que la Agencia de Protección Ambiental estuvo detrás de nosotros por los productos químicos tóxicos vertidos en el agua. Gastamos más dinero en una campaña de relaciones públicas del que nos habría costado la limpieza. Eso dañó nuestra imagen y, finalmente, tuvimos que pagar la limpieza, de todos modos.

–¿De quién fue la idea de la campaña de relaciones públicas?

97

Steve hizo una pausa, mientras la miraba avergonzado.

–Mía.

–¿Qué está haciendo, en su lugar?

–Lo habitual. Donar para las buenas causas. Alentar a nuestro personal para que colaboren como voluntarios en su comunidad. Estamos tratando de ser más ecologistas.

–Usted se está aproximando a la esencia.

–¿Cuál es?

–Cuando dar se convierte en un estilo de vida, con todas las personas que usted tiene contacto. Esto es esencial para usted.

–Estamos tanteando el camino. El mes pasado, los empleados de las oficinas centrales tuvieron el día libre para construir un patio de recreo destinado a los niños del barrio. La mirada en los rostros de esos pequeños lo decía todo, pero el orgullo y las historias que nuestro personal recogió con ellos alegraron la oficina.

–¿Usted estuvo allí?

–Sí, utilizando una pala y colaborando con un grupo que construía un gimnasio. Fue un trabajo duro. Gwen se sorprendió cuando llegué sucio y agotado a casa. Pero fue un gran día.

–Usted ha hecho progresos, ¿pero sabe que necesita ir más lejos?

Steve asintió con la cabeza.

–En alguna parte leí que para tener una gran compañía usted antes debe ser bueno. Espero que estemos encaminados. Pero, a veces, todavía me pegunto si ser bueno es siempre beneficioso para la empresa. Si no hacemos dinero, yo perderé mi empleo.

–¿Vale la pena mantener el empleo si usted no está ofreciendo al mundo tanto como éste le ofrece a usted?

–No. Supongo que eso es una cuestión de fe. Tengo que trabajar más.

–Pero usted ha recorrido un largo camino.

–He empezado por decirle al personal que el alma es lo que nosotros somos, y el espíritu es cómo nos expresamos. Algunos de nuestros empleados más jóvenes me están alentando a ir más lejos.

–¿Qué le están diciendo?

–Me están pidiendo que tenga una conversación a nivel de toda la compañía sobre cómo relacionarnos con nuestra comunidad y el medio ambiente. Hemos llegado a ser más claros acerca de quiénes somos internamente, pero no lo hemos hecho externamente. ¿Qué tipo de ciudadanos deseamos ser? ¿Qué dones deberíamos ofrecer, más allá de nuestras fronteras?

–Eso parece interesante.

–Yo he estado postergándolo, pero ahora es más evidente que es allí adonde necesitamos ir.

–Otro camino difícil.

–Pero es una buena idea, si vamos en la dirección correcta.

LA COMUNIDAD
Y EL CICLO DE LA DONACIÓN

Encuentra el mundo real, repártelo infinitamente
Crece en riqueza, arroja oro a todo el que te pida
Vive en el corazón vacío de la paradoja
Ahí bailaré contigo, mejilla con mejilla.

Rumi[*]

Liderar es dar. Este es un principio ético, un don de uno mismo a una causa común. Es fácil omitir la profundidad y el poder del mensaje. Los diálogos entre Steve y María procuran alentarle a profundizar su viaje interno en busca de dones que usted pueda ofrecer a los otros. Si no se da, no puede haber un verdadero liderazgo.

La esencia del liderazgo no es dar cosas tangibles, ni siquiera visiones inspiradoras. Es ofrecerse uno mismo y su espíritu. Los dones materiales no dejan de ser importantes. Necesitamos ambas cosas, el pan y las rosas. El alma y el espíritu no son sustitutos de los salarios y las condiciones de trabajo. Pero

---

[*] Rumi, citado en A. Harvey (ed.), *Speaking Flame. Rumi,* Ithaca, N.Y., Meeramma, 1989, pág. 86.

lo que todos hemos oído es cierto: lo más importante acerca de un don es el espíritu que hay en él. Cuando Steve consideró el ofrecimiento de un don como una transacción material, fracasó. Al ofrecer su alma, puso en marcha un proceso recíproco: los otros dieron algo de sí mismos a cambio. La autoría, la dedicación, el poder y la significación solo surten efecto cuando se dan sin reparos y se reciben genuinamente. Los líderes no pueden dar lo que no tienen. Si lo intentan, solo provocarán decepción y cinismo. Sin embargo, cuando los dones son genuinos y el espíritu es el adecuado, el ofrecimiento de un don transforma a una organización de un lugar de trabajo en un medio de vida compartido.

En la Figura 1, hemos dispuesto los cuatro dones en un mandala. En su significado etimológico, el mandala es un contenedor de esencia, y el diagrama sugiere que cada uno de los dones es distinto, pero todos son partes interconectadas de un todo espiritual más amplio.

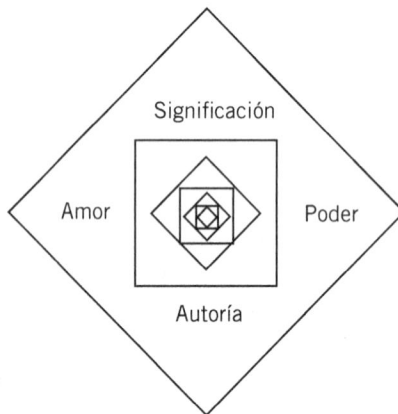

Fuente: www.free-mandala.com

Figura 1. Dones del liderazgo

La búsqueda del líder es "un viaje para encontrar el tesoro de su verdadero ser, y luego [regresar] al hogar para ofrecer su don, a fin de ayudar a transformar el reino, y en el proceso su propia vida. La búsqueda está llena de peligros y dificultades, pero ofrece gratificaciones equivalentes: la capacidad de tener éxito en el mundo, el conocimiento de los misterios del alma humana, y las oportunidades para encontrar sus dones únicos y vivir en una comunidad afectuosa con las otras personas".[1]

La autoría, el amor, el poder y la significación no son los únicos dones que los líderes pueden ofrecer. Como María le dijo a Steve, los líderes deben aprender por sí mismos la contribución que les corresponde hacer. Todos los dones surtirán efecto, siempre que contribuyan a los principios éticos fundamentales como la compasión y la justicia. Fusionados con el alma y el espíritu, los dones constituyen la piedra angular de una comunidad servicial y apasionada.

El don del amor

¿Y qué es trabajar con amor?
Es tejer la prenda con hilos reforzados
desde su propio corazón,
como si su ser amado
fuera a usar esa prenda.
Es llenar todas las cosas que usted inventa
con una emanación de su propio espíritu,
El trabajo es el amor que se hace visible
Y si usted no puede trabajar con amor sino solo
con desagrado, es mejor que deje su trabajo, se
siente en la puerta del templo y recoja las
limosnas de aquellos que trabajan con placer.

Kahlil Gibran,[2]
poeta libanés autor de novelas críticas

---

1. Pearson, C.: *Awakening the Heroes Within*, San Francisco, Harper San Francisco, 1991, pág. 1.
2. Gibran, K.: *The Prophet*, Nueva York, Knopf, 1970, págs. 32-33.

Cuando se le preguntó acerca del secreto de su liderazgo, la Madre Teresa de Calcuta respondió: "Un poco de trabajo con mucho amor"[3]. El amor es el sello distintivo de los grandes líderes: el amor por su trabajo y por aquellos con quienes trabajan. A menudo, las presiones de la tarea y del resultado final desplazan las necesidades individuales que las personas traen al lugar de trabajo. Siempre hay tanto para hacer. ¿Quién tiene tiempo para las palabras amables, para escuchar o dedicar atención? Andrew Delios cuestionó si las organizaciones pueden "atreverse a dedicar atención" y todavía ser competitivas[4], pero Jeffrey Pfeffer adujo que el mejor camino para un mejor resultado final es mostrar interés por los otros[5]. Danny Meyer, fundador de algunos de los restaurantes más exitosos en el mercado intensamente competitivo de Nueva York –entre ellos, Gramercy Park y Union Square– atribuye su éxito a cinco valores fundamentales: cuidarnos los unos a los otros, dedicar atención a los huéspedes, velar por la comunidad y por los proveedores, y preocuparnos por los inversores y la rentabilidad, en orden descendiente de importancia"[6].

Cuando le preguntaron al fundador de Motorola, Paul Galvin, cuál era su filosofía de la empresa, respondió: "Dos palabras, amar y realizar. Y la segunda nunca ocurrirá hasta que usted no haga la primera. Hasta hoy, la palabra amor no es extraña para el personal que trabaja en Motorola. Tampoco en Subaru Motors, donde el amor por conducir es una prioridad del personal. El tema se extendió en 2009 a un programa de fin de año llamado "Comparta el

3. Chatterjee, D.: *El liderazgo consciente: un peregrinaje hacia el autocontrol*, Buenos Aires, Ediciones Granica, 2007.
4. Delios, A.: "How Can Organizations Be Competitive but Dare to Care?", *Academy of Management Perspectives* 24, N° 3, 2010, págs. 25-36.
5. Pfeffer, J.: "Building Sustainable Organizations: The Human Factor", *Academy of Management Perspectives* 24, N° 1, 2010, págs. 34-45.
6. Burlingham, B.: *Small Giants: Companies That Choose to Be Great Instead of Big*, Nueva York, Portfolio, 2005.

amor", durante el cual la compañía contribuyó a las obras benéficas con 250 dólares por cada vehículo vendido. En Southwest Airlines, el amor es una consigna que pasa de uno a otro pasajero. El fundador de Southwest, Herb Kelleher, dijo una vez que la cultura de la compañía se desarrolló en torno al principio de "dedicar atención al personal en la totalidad de sus vidas", y Bo Burlingham comprobó que la misma cualidad estaba presente en todos los "pequeños gigantes" que había estudiado: las firmas emprendedoras que habían logrado un éxito inusual al perseguir propósitos que trascendían el crecimiento o las ganancias[7]. Desafortunadamente, hay muchas organizaciones que alientan la amable superficialidad y desalientan las formas más profundas de contacto humano. En la mayoría de las compañías, las reglas implícitas son claras: permanezca en su puesto, sea amable y optimista, y evite todo lo que sugiera una emoción o intimidad.

Cada organización es una familia, ya sea disfuncional o protectora. La protección empieza con el conocimiento: requiere escuchar, comprender y aceptar. Progresa a través de un profundo sentido del reconocimiento, el respeto y finalmente el amor. Nuestro protagonista Steve dudó si debía adoptar el amor porque reconocía el riesgo que implicaba abrir su corazón. Sin embargo, aceptar ese riesgo nos permite quitarnos la máscara, conocernos con profundidad y estar mutuamente presentes. En esos intercambios humanos voluntarios que moldean "el alma de la comunidad" experimentamos un sentido de la unidad y el gozo[8].

Probablemente, el amor ha recibido más atención que cualquier otra emoción humana. Tiene muchos significados. Platón lo llamó divina locura[9]. El poeta y trovador

---

7. Burlingham, B.: *Small Giants* (op. cit. en nota anterior).
8. Whitmyer, C. (ed.): *In the Company of Others*, Nueva York, Putnam, 1993, pág. 81.
9. Moore, T.: *Care of the Soul: A Guide for Cultivating Depth and Sacredness in Everyday Life*, Nueva York, HarperCollins, 1991, pág. 77.

occitano del siglo XII Guiraut de Bornelh vio un aspecto más tierno:

El amor, que es una bella esperanza, ha nacido
Va a reconfortar a sus amigos
Como saben todos los verdaderos amantes, el amor es una gracia perfecta
Que ha nacido, sin duda, del corazón y los ojos.
Los ojos le hacen florecer, el corazón lo madura
El amor, que es el fruto de su misma semilla.[10]

El amor está en gran parte ausente en la corporación moderna. La mayoría de los gerentes no usarían nunca esa palabra en algún contexto más profundo que el de sus sensaciones acerca de la comida, las películas o los juegos. Evitan los significados más profundos del amor, porque temen su poder y sus riesgos. Así ocurrió con Steve. En Topeka, él intentó minimizar su riesgo y responsabilidad. Solamente al aceptar la angustia y la vulnerabilidad –los compañeros del amor– pudo ofrecer un don que fue aceptado y apreciado.

El don de la autoría

La autoría es poco frecuente en la mayoría de las organizaciones. Aunque puede parecer una caricatura de una novela de Dickens, el enfoque clásico de la gerencia es simple. Dar a los empleados una tarea. Decirles cómo hacerla. Mirar sobre sus hombros para asegurarse de que la están haciendo bien. Premiarlos o castigarlos de acuerdo con su desempeño. Esto es frustrante para todos. Los trabajadores se sienten demasiado controlados, poco informados y desvalorizados. Aun cuando sepan cómo hacer la tarea mejor

---

10. Guiraut de Bornelh, citado en Campbell, J.: *A Joseph Campbell Companion: Reflection on the Art of Living*, editado por D.K. Osbon, Nueva York, Harper-Perennial, 1995, pág. 77.

que su jefe, se ven obligados a seguir las instrucciones a costa del desempeño. Los jefes decepcionados culpan a los trabajadores y aprietan las clavijas. Esta espiral constrictora afecta al sentido de conexión, propiedad y orgullo de los trabajadores.

A pesar de los esfuerzos de las empresas para incrementar la participación y mejorar la calidad del trabajo, decenas de miles de personas todavía ven su trabajo solo como un empleo: se presentan puntualmente, llevan a cabo las tareas y cobran un cheque. En todo el mundo, los empleados han desarrollado niveles de cinismo similares. En la era soviética, los trabajadores rusos resumían elegantemente el sentimiento con el aforismo "Nosotros fingimos trabajar y ellos fingen pagarnos".

La autoría transforma la pirámide organizacional clásica y proporciona un espacio dentro de las fronteras. Los líderes incrementan su influencia y desarrollan organizaciones más productivas. Los trabajadores experimentan la satisfacción de la creatividad, de la destreza y de una tarea bien hecha. La autoría trasciende la relación tradicional entre adversarios, en la cual los superiores tratan de incrementar su control, mientras los subordinados se resisten. Confiar en el personal para resolver los problemas genera niveles más altos de motivación y mejores soluciones. La responsabilidad del líder es crear las condiciones que promuevan la autoría. Los empleados necesitan ver su trabajo como algo significativo y de mérito, para sentirse personalmente responsables de las consecuencias de sus esfuerzos, y recibir una información que les comunique los resultados[11].

En su apogeo, Saturn Motors fue un escaparate tangible de lo que puede lograr el don de la autoría. La compañía

---

11. Hackman, J. R., Oldham, G. R., Janson, R. y Purdy, K.: "A New Strategy for Job Enrichment", en L. E. Boone y D. D. Bowen (eds.). *The Great Writings in Management and Organizational Behavior*, Nueva York, Random House, 1987, pág. 315.

convocó a los empleados de General Motors, y les dio una oportunidad para tomar sus propias decisiones y poner su firma en un automóvil que finalmente alguien conduciría. Como expresó un empleado de Saturn: "Dada la oportunidad, cualquiera desearía fabricar un producto perfecto. En Saturn nos han dado esa posibilidad". Un trabajador de la planta automotriz comentó: "Ahora nosotros tomamos las decisiones. Antes nunca lo hacíamos. ¡Solo manejábamos la máquina y eso era todo!".

Google proporciona un ejemplo contemporáneo del poder de la autoría. Entre las muchas maneras que esta empresa apoya la expresión y el desarrollo del talento, cabe mencionar su modelo de asignación del tiempo 70/20/10: el 10 por ciento del tiempo de un ingeniero se asigna a la "innovación, creatividad y libertad para pensar", mientras que el 20 por ciento es para el "desarrollo personal que finalmente beneficiará a la compañía". En cuanto al rendimiento por empleado, el personal de Google está entre los más productivos del planeta.

El don del poder

La idea del poder como un don es paradójica. ¿Alguien puede conceder poder a otro? ¿Lo haría aunque pudiera? Los realistas y revolucionarios siempre han creído que solamente un necio cedería el poder. Ellos aducen que el poder debe ser capturado: arrebatado de las manos de aquellos que lo poseen. Pero la lección más importante que aprendió Steve en la planta Topeka fue que ceder el poder podía hacerlo más fuerte.

La acumulación de poder produce una organización ineficaz. Las personas desprovistas de poder buscan maneras de defenderse: se hacen remolonas, sabotean, se apartan o ejercen una militancia amenazadora. La violencia es la manifestación de la impotencia. La impotencia alimenta la rebelión, la coacción e, incluso, el terrorismo. Cada día, vemos ejemplos trágicos de esta espiral incontrolable en las organizaciones y sociedades de todo el mundo. A la inversa, conceder poder libera la energía para un uso más productivo. Cuando las personas tienen un sentido de la eficacia y una capacidad para influir en su mundo, tratan de ser productivas. Dirigen su energía e inteligencia hacia una contribución, en lugar de obstruir el progreso o destruir a sus enemigos. En medio de la zozobra que se extendió por el mundo árabe a comienzos de 2011, en varios países hubo ejemplos de ciudadanos recién empoderados que voluntariamente empezaron a limpiar las calles, dirigir el tráfico y distribuir alimentos hasta que el gobierno fuera nuevamente capaz de cumplir sus funciones habituales. Las compañías automotrices progresistas han dado poder a los empleados para detener la línea de montaje cuando ven un inconveniente. Hay una cuerda con un tirador en varios lugares del proceso de fabricación. Cuando los trabajadores ven desviaciones de los estándares, tiran de la cuerda y detienen la línea. Esto ayuda a fabricar un producto superior.

El don del poder compromete a las personas en el esfuerzo hacia una causa común. También crea puntos de elección difíciles, como el que afrontó Steve cuando un empleado "propuso una idea mal concebida". En estas circunstancias, si los líderes dicen simplemente "no", y se aferran con firmeza al poder, reactivan las viejas pautas del antagonismo. Si ceden y dicen "sí" a todo, ponen en riesgo la misión de la organización. El don que Steve ofreció al trabajador no era como una moneda depositada en la mano extendida, o un regalo bien envuelto colocado a los pies de un árbol. Lo que Steve ofreció fue una oportunidad para que el trabajador se capacitara. Como todos los dones que él y María discutieron, el don del poder solamente se puede dar a aquellos que lo desean y están dispuestos a recibirlo.

Los líderes no pueden empoderar a los otros y perder su propio poder. Necesitan ayudar a los otros a buscar y hacer un uso productivo de las múltiples fuentes de poder: la información, los recursos, los aliados, el acceso y la autonomía[12]. Los trabajadores y gerentes que se unieron en la planta Topeka utilizaron muchas de esas fuentes para dar sus recomendaciones, lo cual facilitó a Steve decir "sí".

El don del poder está estrechamente relacionado con el conflicto. Cuando el poder se acapara y centraliza, el conflicto a menudo se suprime. Pero finalmente surge en forma coercitiva y explosiva. Un ejemplo es la violencia en muchos barrios urbanos. Al sentirse impotentes y ver a la sociedad como una enemiga, los jóvenes tratan de adquirir poder a través de las bandas y las armas. Una dinámica más profunda y más destructiva ha surgido en muchos lugares del mundo que han llegado a ser caldos de cultivo para el terrorismo.

Una investigación reciente sugiere que el terrorismo es más probable que surja de una mezcla tóxica con varios ingredientes clave[13]:

- Una percepción de daños y victimismo como consecuencia de la discriminación y la injusticia social de larga data.
- Un régimen represor pero ilegítimo e ineficaz que impide la libre expresión y socava las normas jurídicas.
- Un rápido cambio social y tecnológico que afecta a las creencias y valores tradicionales.

Los daños y el victimismo proporcionan el elemento motivador. La represión política impide la manifestación

---

12. Discutimos estas y otras fuentes de poder con más detalle en el Capítulo 9 de Bolman, L. G. y Deal, T. E.: *Reframing Organizations: Artistry, Choice, and Leadership*, San Francisco, Jossey-Bass, 2008.
13. Bjørgo, T. (ed.): *Root Causes of Terrorism: Myths, Reality and Ways Forward*, Nueva York, Routledge, 2005.

de protestas. El cambio rápido sugiere la idea de que todo se está viniendo abajo, y de que no hay ninguna esperanza de que suceda algo positivo bajo el régimen existente. Al ver las salidas bloqueadas y la falta de oportunidades para una acción positiva, algunas personas recurren al terror. En este ensayo sobre los orígenes del terror, Bjørgo aduce que los terroristas no son locos[14]. Son actores racionales que ven la violencia como el camino más prometedor para reducir la desigualdad y combatir la injusticia. Su perspectiva les da una manera de sentirse con poder en un mundo que tiene poco sentido, pero el precio que se paga es alto. En lugar de usar sus talentos para crear algo positivo, promueven el caos y el asesinato. La lección es clara: las personas quieren expresarse y mejorar las cosas. Pero esos impulsos a menudo se distorsionan cuando una organización o una sociedad es incapaz de ofrecer una vía de salida para su expresión.

Las personas que se sienten genuinamente poderosas encontrarán opciones productivas. Pero en los momentos difíciles que siguen a la liberalización de un sistema altamente centralizado, los resultados iniciales a menudo son sorprendentes y alarmantes. Los conflictos antes ocultos ahora salen a la superficie. Los grupos de interés luchan por el control y los recursos escasos. Esto ocurrió en toda Europa Oriental después del colapso del comunismo soviético. Sucedió en Irak tras el derrocamiento del régimen de Saddam Hussein, y en todo el mundo árabe a comienzos de 2011. El liderazgo eficaz da poder sin socavar la integridad del sistema. En su máxima expresión, el don del poder hace posible afrontar el conflicto sin guerras ni violencia. El psiquiatra y escritor norteamericano Scott Peck ha observado que la comunidad es "un lugar donde el conflicto se puede resolver sin coste emocional o físico, y con sabiduría así como con benevolencia"[15].

---

14. Bjørgo, T.: *Root Causes of Terrorism* (op. cit. en nota anterior).
15. Peck, M. S.: *The Different Drum: Community Making and Peace*, Nueva York, Simon & Schuster, 1987, pág. 7.

La autoría y el poder están relacionados, por eso se confunden fácilmente. El espacio y la libertad están en juego en ambos. Pero hay una diferencia importante. La autoría requiere autonomía, mientras el poder es la capacidad para influir en los otros. Los artistas, los escritores, los científicos y los artesanos diestros pueden experimentar altos niveles de autoría, aun cuando trabajen principalmente por cuenta propia. El poder, en cambio, solo es significativo en relación con los otros. Es la capacidad para influir y conseguir que las cosas ocurran en una escala más amplia. La autoría sin poder es aislada y fragmentada. El poder sin autoría puede ser disfuncional y opresivo. Cada uno de estos dos dones es incompleto, pero juntos su impacto sobre el espíritu organizacional es extraordinario, una lección aprendida por las compañías precursoras desde los equipos de camping (Recreational Equipment Inc.), las tiras cómicas (Dreamworks), y las fibras (W. L. Gore) hasta las finanzas (Edward Jones), el software (Google y SAS), o los supermercados (Wegmans y Whole Foods).

El don de la significación

Howard Schultz creó Starbucks como una compañía de café con un corazón. La respuesta fue contundente y las sucursales de Starbucks se multiplicaron rápidamente en todos los Estados Unidos y el mundo. Sin embargo, a medida que pasaban los años, Schultz abandonó su papel como consejero delegado, el crecimiento cobró su peaje y los establecimientos empezaron a perder su estilo de cafés de barrio.

Esto indujo a Schultz a volver como consejero delegado en 2008. Lo primero que pensó que necesitaba hacer era ponerse al frente de toda la compañía y admitir, casi como una confesión, que el liderazgo de Starbucks había frustrado a los 180.000 empleados de la compañía y sus familias, aun cuando él no fuera el consejero delegado. "Yo hacía inspecciones como presidente y lo presentía. No estaba comprometido. Pero era responsable". Esto hizo posible trabajar para preservar y mejorar "el único activo que siempre hemos tenido como compañía: nuestros valores, nuestra cultura y los principios rectores, y la reserva de confianza con nuestro personal". Schultz envió un memorando que destacaba que la compañía había perdido su rumbo: "Starbucks ya no tiene el alma del pasado. Ahora es una cadena de establecimientos y no la sensación cálida de un café de barrio". El empresario convocó a los gerentes de las 10.000 sucursales a una reunión en Nueva Orleans donde empezaron con un día de servicio a la comunidad, porque Schultz estaba convencido de que esta sería una poderosa manera de recordar a los líderes el verdadero significado de lo que hacían. Schultz consideraba que la reunión de Nueva Orleans era esencial para lograr que la compañía retomara su camino[16]. Como la mayoría de las empresas, Starbucks tuvo dificultades en la recesión de 2008 y 2009, pero volvió a tener importantes ganancias en 2010. Es fácil perder el sentido de la significación de una compañía, pero se puede recuperar a través del liderazgo inteligente y tenaz. Nadie puede arrebatarle su alma. Usted tiene que descubrirla o perderla. Pero siempre puede encontrarla de nuevo o recuperarla.

También hay sombras potenciales para las comunidades estrechamente unidas. La historia da muchos ejemplos de sociedades supuestamente liberales que resultaron ser opresivas, intolerantes o injustas. Todas las religiones importantes han visto casos de líderes que usaron la autoridad espiritual con fines egoístas o destructivos. En cualquier grupo u organización hay riesgos paralelos. La comunidad, como el amor,

16. Harvard Business Review, "Howard Schultz on Starbucks' Turnaround", HBR Ideacast, 24 de junio de 2010, http://blogs.hbr.org/ideacast/2010/06/howard-schultz-on-starbucks-tu-html.

implica riesgos de dependencia, explotación y pérdida. Pero no tiene más sentido rechazar el ideal de comunidad que evitar la intimidad. Necesitamos abordar ambas cosas con una combinación de esperanza y sabiduría.

Entre los componentes básicos más importantes de la comunidad están las diversas formas de experiencia expresiva y simbólica: los rituales, las ceremonias, los íconos, la música y las historias. Los seres humanos siempre han creado y usado símbolos como un fundamento para el significado y la significación. Las organizaciones sin una vida simbólica rica llegan a ser vacías y estériles; lugares donde trabajar es casi tan satisfactorio como acudir a un restaurante y comer el menú. Lo que se ha perdido es el placer de compartir algo significativo con los otros. La magia de las ocasiones especiales es vital para el desarrollo de significación en la vida colectiva. Los momentos de éxtasis o dolor son paréntesis que marcan las transiciones importantes de la vida. Sin ritual y ceremonia, las transiciones siguen siendo incompletas, un conjunto de idas y venidas. "La vida llega a ser una serie infinita de miércoles"[17]. Cuando el ritual y la ceremonia son auténticos y armoniosos, estimulan la imaginación, generan ideas y llegan al corazón. La ceremonia entreteje el tapiz del pasado, el presente y el futuro de la vida. El ritual nos ayuda a afrontar y comprender los impactos, los triunfos y los misterios cotidianos de la vida. Ambos nos ayudan a experimentar las redes invisibles de significación, que conectan a una comunidad. Cuando no son auténticas, estas ocasiones llegan a ser repetitivas y alienantes. Consumen nuestro tiempo, nos desconectan del trabajo y nos separan de los otros. "La comunidad debe llegar a ser más que solo una reunión de gente, que cuenta historias y recuerda las cosas del pasado. También debe tener sus raíces en valores

---

17. Campbell, D.: "If I'am in Charge, Why Is Everyone Laughing?", documento presentado en el Center for Creative Leadership, Greensboro, Carolina del Norte, 1983.

LA COMUNIDAD Y EL CICLO DE LA DONACIÓN

sólidos, valores que van más allá de la exaltación de los líderes humanos"[18].

La ceremonia y el ritual pueden parecer exóticos y muy alejados de los requerimientos habituales de la vida. Hay grandes ceremonias para las ocasiones especiales: el lanzamiento de un producto, la jubilación, la entrega de premios y los picnics anuales. Hay rituales simples, como las pausas del café, los equipos de béisbol y el cóctel o la cerveza después del trabajo, que infunden significado, pasión y propósito en la rutina diaria. Ambos hablan al alma:

> Una prenda de vestir [como una camiseta o una gorra de béisbol] suele ser útil, pero también puede tener un significado especial para un tema del alma. Vale la pena hacer un pequeño esfuerzo e incorporar un ritual en una cena con el poder sugestivo y simbólico de la comida y de la manera como es presentada y consumida. Sin esta dimensión añadida que requiere un poco de inventiva puede parecer que la vida transcurre armoniosamente, pero el alma se debilita y su presencia solo puede advertirse en los síntomas[19].

Como el ritual y la ceremonia, la narración es una fuente de inspiración para el alma y el espíritu. Para Steve o María era difícil conversar sobre la significación sin las historias que ellos compartían. Las historias nos transportan al reino mágico del espíritu.

> Como los sueños, las historias a menudo usan un lenguaje simbólico, que trasciende el ego y la personalidad, y llega directamente al espíritu y al alma de quienes escuchan las antiguas y universales enseñanzas contenidas en ellas. Dado que en este proceso, las historias pueden enseñar, corregir errores y conmover, proporcionan un cobijo psíquico, contribuyen a la transformación y curan las heridas… Las historias que se cuentan las personas entre sí tejen una manta que puede calentar

---

18. Griffin, E.: *The Reflective Executive: A Spirituality of Business and Enterprise*, Nueva York, Crossroad, 1993, pág. 159.
19. Moore, T.: *Care of the Soul* (op. cit. en nota 10), pág. 225.

las noches emocionales o espirituales más frías. Por lo tanto, las historias que surgen del grupo llegan a ser, a través del tiempo, extremadamente personales y eternas, ya que cobran vida cuando se cuentan una y otra vez[20].

En las organizaciones exitosas, el sentido de significación de las personas tiene sus raíces en las historias compartidas, transmitidas de persona a persona y de generación a generación. Ellas relatan los eventos, los triunfos y las tragedias de las personas. Trascienden el tiempo y el lugar. Steve está empezando a entender las historias como la narrativa simbólica que mantiene unido a un grupo:

> Algunos dicen que la comunidad se basa en lazos de sangre, a veces creados por elección, y en otras ocasiones por necesidad. Si bien esto es muy cierto, el campo gravitacional que mantiene unido a un grupo son sus historias… los relatos simples y comunes que comparten entre sí[21].

En la escritura de este libro, elegimos deliberadamente la palabra significación por su doble connotación de significado e importancia. El don de la significación permite a las personas encontrar significado en el trabajo, fe en sí mismas, confianza en el valor de sus vidas y esperanza para el futuro. El trabajo llega a ser más placentero que fatigoso, una oportunidad para progresar así como un medio de vida. La razón y la tecnología a menudo desvían nuestra atención de los pilares existenciales cotidianos, que soportan nuestro sentido del significado y el propósito. Si perdemos nuestro don de la fantasía, perdemos uno de los dones más valiosos de la vida. Steve ha comprendido todo esto por sí mismo. Está empezando a ver que los dones del amor, el poder y la significación se entretejen para formar el tapiz del alma y el espíritu de su compañía.

---

20. Estés, C. P.: *The Gift of Story*, Nueva York, Ballantine, 1993, págs. 28-29.
21. Estés. C. P.: *The Gift of Story* (op. cit. en nota anterior), págs. 28-29.

Dar a la comunidad

Christine Arena, fundadora y directora ejecutiva de la agencia independiente Aiko, llama "compañías de alto propósito" a las empresas que consideran las ganancias como un medio para hacer una contribución más importante y duradera a la sociedad. Ellas usan su poder económico para "desarrollar un valor social y económico, crear esperanza y eliminar la desesperanza"[22]. En su análisis clásico de la responsabilidad social de la empresa, Beyond Good Company, Googins, Mirvis y Rochlin observan que se está produciendo un gran cambio en lo que piensa la gente dentro y fuera de la empresa sobre la relación entre las corporaciones y la sociedad. Algunos líderes empresariales todavía se suscriben al punto de vista minimalista expresado por un consejero delegado que dijo: "Mi visión de la responsabilidad empresarial es que la muerte y la cárcel me asustan, pero si nadie muere y yo estoy fuera de la cárcel, todo está bien". Una serie de acontecimientos están impulsando a los líderes de empresa hacia perspectivas más holísticas. Uno de ellos es la racha de escándalos, en los que la codicia empresarial y los deslices éticos han dañado la economía, el medio ambiente y la sociedad, engendrando una mayor desconfianza de la empresa y más intervención del gobierno. Un segundo factor es el creciente consenso de que nuestro planeta está en camino hacia una crisis ambiental, como el calentamiento global y el agotamiento de los recursos. Un estudio realizado entre 2001 y 2005 reveló que el público está exigiendo más, pero no repara tanto en lo que respecta a las responsabilidades de las corporaciones con la sociedad[23].

22. Arena, C.: *Cause for Success: 10 Companies That Put Profits Second and Came in First*, Novato, California, New World Library, 2004.
23. Googins, B., Mirvis, P. H. y Rochlin, S. A.: *Beyond Good Company: Next Generation Corporate Citizenship*, Nueva York, Palgrave Macmillan, 2007, pág. 45.

Como resultado, la idea de la "responsabilidad social de la empresa" está creciendo en popularidad, a pesar del desacuerdo acerca de lo que significa. Algunos líderes empresariales la ven como la "obra benéfica y el voluntariado del empleado"[24], pero es mucho más que eso. Googins y sus colegas abogan por una visión más amplia porque "la empresa tiene su mayor impacto sobre la sociedad a través de (1) sus propias operaciones y (2) sus interacciones con los innumerables proveedores, distribuidores y socios en toda la cadena de valor hasta los usuarios finales"[25]. Una visión amplia de la responsabilidad social de la empresa debería abarcar "los daños y beneficios de las actividades comerciales de una compañía sobre la sociedad"[26]. Esto conduce a dos criterios básicos:

> *Minimizar el daño*: tener en cuenta y reducir el impacto negativo de la huella de una firma en la sociedad. El principal mandato es "no producir daño".
>
> *Maximizar el beneficio*: crear un valor compartido en forma de prosperidad económica y asistencia social, lo cual incluye la reducción de la pobreza, el mejoramiento de la salud y el bienestar, el desarrollo de las personas y la protección del ambiente natural. Aquí el mensaje es "hacer el bien"[27].

Mientras profundiza su comprensión de lo que significa liderar con el alma, Steve ve que la ética de dar tiene que aplicarse tanto dentro como fuera de la empresa. Él necesita ir más allá de su propia organización para preguntar qué es lo que su empresa puede dar a la sociedad y al medio ambiente. María le dice que el espíritu debe fluir a través de las fronteras. Pero para ello, Steve necesitará aprender de los ejemplos de las compañías progresistas como Gene-

---

24. Googins, Mirvis y Rochlin: *Beyond Good Company* (op. cit. en nota anterior), pág 18.
25. Googins, Mirvis y Rochlin: *Beyond Good Company* (op. cit. en nota 24), pág 19.
26. Googins, Mirvis y Rochlin: *Beyond Good Company* (op. cit. en nota 24), pág 19.
27. Googins, Mirvis y Rochlin: *Beyond Good Company* (op. cit. en nota 24), pág 19.

ral Electric, Nike, Starbucks y Unilever, que han llegado a apreciar la necesidad de un enfoque amplio y a largo plazo de la responsabilidad social que está integrada dentro de su estrategia empresarial y basada en un sentido de quiénes son y qué valoran. Steve reconoce que esto será difícil y arriesgado. En la conversación con María, expresa una inquietud de muchos líderes empresariales: ¿Concentrarse demasiado en la responsabilidad empresarial afectará al resultado final y, en consecuencia, a su carrera? Superar estos temores requerirá tiempo, aprendizaje, experimentación y liderazgo.

COMPARTIENDO

CAPÍTULO 13

CONVOCANDO A LA MAGIA
DE LOS RELATOS

Steve quería negarlo, pero ya no podía hacerlo más. María estaba enferma. Demasiadas reuniones canceladas. Mucho tiempo para devolver las llamadas. Cansancio en su voz, cuando llegaba a hacerlo. Steve estaba orando con una renovada urgencia. No esperaba que su oración influyera en la salud de María. Era su propia canción del corazón, su manera de mantener la fe. Lo había aprendido de ella. Esperaba que ella también pudiera oírlo.

Sus ojos se cerraban por el fuerte reflejo de los rayos del sol. En el asfalto se podía ver la evaporación por el calor. Incluso con el aire acondicionado prendido a toda su potencia, sentía que se asfixiaba. Debe estar mejor en las montañas, pensó. Un flujo de recuerdos eran una distracción bien recibida. Recordó su primer viaje por ese camino. Se sentía tan miserable. Ella lo había ayudado a salir del infierno en que se encontraba. Ahora entendía que el espíritu es el verdadero flujo de vida. En su vida y en su trabajo. ¿Sabría ella cuánto le había dado? Steve esperaba que sí.

Una nota pegada en la puerta le indicó que fuera hacia el patio trasero. María tomaba una siesta. Nunca la había

visto dormida. Extrañó no ver
sus ojos, eran tan importantes
para él. Intensos. Faros de luz
en su viaje. Reflejos de su propia alma.

Se sentó y esperó. No
por mucho tiempo. De al-
guna manera, ella sintió
su presencia. Le sonrió
abiertamente cuando lo
vio. Parecía que su acos-
tumbrada vitalidad había
vuelto.

–Steve, me da gusto que
estés aquí. Hay limonada en
el refrigerador. Trae unos va-
sos y mucho hielo. Necesitamos
algo para lidiar con este calor.

–Comparado con la ciudad,
aquí está fresco.

–¿Cómo está Gwen?

–¡Estupendamente!, te manda saludos cariñosos.

–La boda estuvo maravillosa. Sentí tu espíritu durante
la ceremonia.

–Tú sabes lo importante que era para nosotros el que
nos acompañaras. A Gwen le encantó el poema que leíste.

–"En el mar del amor me derrito como sal". Qué bueno
que le haya gustado.

–Otra cosa extraordinaria es lo bien que me he sentido
desde la boda; lo he llevado al trabajo.

–No puedes fragmentar al espíritu.

–¿Recuerdas que te hablé de Jill Stockton?

María frunció el ceño por un momento.

–Creo que sí. Ella es tu directora de finanzas, ¿cierto?

–Exactamente, ella. Hace un par de meses me dejó per-

plejo. Me presentó una idea para el siguiente retiro de gerentes. Dijo que debíamos contar relatos.

María sonrió. –¿Te sorprendió?

–Totalmente. Es buena. Realmente brillante. Aunque fanática de los números. Fue curioso que sugiriera contar relatos acerca de los años buenos y malos.

–¿Te pareció bien?

–¡Brillante! Lo mejor del caso es que no se trata solamente de ella. Cosas por el estilo están pasando por todos lados. El espíritu de equipo que siempre esperé.

–¿Qué pasó con la idea de Jill?

–Un montón de personas la siguieron. Se convirtió en el evento central del retiro de gerentes. Nos fuimos a un complejo de descanso que está junto a un lago. Un lugar bellísimo. El viernes por la noche se dio el gran momento. Imprimieron un programa muy elegante. Lo llamaron "Primera Hora Anual de Relatos del Lago". Todas las reglas estaban en el programa.

–¿Reglas para qué?

–Para el concurso de relatos. Todos debían compartir un relato a la hora de la cena. Acerca de los buenos o malos momentos del año anterior. Después, cada mesa seleccionaba al mejor para pasar a las finales.

–¿Nominados para competir por el gran premio?

–Correcto. Frente a todo el grupo. El ganador se seleccionó con un "aplausómetro".

–¿Quién ganó?

–¿Creerías que fue el administrador de la planta de Topeka?

–Te apuesto que fue con tu relato.

–¿Recuerdas mi versión? Pensé que había llevado a cabo uno de los mayores triunfos del liderazgo en las corporaciones modernas. Pues su versión era diferente. Lo que él decía era el verdadero relato detrás del relato.

–¿Te causó mucha vergüenza?

–Mucha. Según lo iba diciendo, yo no los lideraba. Ellos eran los que me estaban liderando a mí. Ellos tenían todo planeado de antemano. Se sintieron mal luego de haberme dado tan duro. Creyeron que yo explotaría a menos que encontrara alguna ayuda. Después de que salí, tuvieron una fiesta. Una gran celebración de su victoria sobre el jefe. Hasta me dieron un premio, excepto que yo no estaba ahí para recibirlo.

–¿Cuál era el premio?

–"Cómo Liderar sin Hacerlo en Realidad". –Aunque fuera de segunda mano, el relato tenía vida. Todos estaban riendo. Se sintieron bien.

–Un gran relato –dijo ella.

–Todos pensaron lo mismo. La gente se reía al grado de casi caerse de las sillas. Los aplausos sobrepasaron la escala del "aplausómetro".

–¿Cuáles eran tus sentimientos?

–Mi estómago estaba hecho un nudo. Tenía la quijada trabada, tanto que ni siquiera podía sonreír de manera convincente.

–¿Pudiste dar tu versión?

–Tenía que hacerlo, según las reglas. Estuve tentado de establecer los hechos tal cual. Pero me detuve, respiré profundamente y decidí seguir la corriente. No ir más allá. Asar al jefe probablemente es bueno para el espíritu. Les dije que los relatos que habíamos compartido, incluso el que había salido triunfador, eran el mejor don que podíamos darnos unos a otros. Juntos podíamos consolidar un espíritu común.

–¿Cómo reaccionaron?

–Con una gran ovación de pie. No solo para mí. Para todos los que estábamos ahí. Para nuestra comunidad.

–Estoy orgullosa de ti.

–Esperaba que lo estuvieras. Tú fuiste quien lo hizo posible, lo sabes.

–No le des tanto crédito a la partera. Tú hiciste la mayor parte del trabajo. Y fuiste tú quien sintió más dolor a lo largo del camino. Date tu crédito.

El sol había empezado a ponerse detrás de la montaña. Una leve brisa se empezó a sentir. Se miraron mutuamente. Steve sintió una conexión muy profunda, una suavidad que rara vez sentía.

Él habló primero. Tenía la boca seca. Un sentimiento de angustia crecía en su corazón. Era difícil pronunciar las palabras.

–Estoy sintiendo dolor.

–Yo también.

Sus ojos se encontraron, a través del silencio. Él sabía de lo que debían hablar. ¿Empezaría ella? ¿Debía preguntar él? No tuvo que esperar demasiado.

–Sabes que no he estado bien.

–Desde hace tiempo –replicó. ¿Lo dijo como un reproche? No estaba seguro. Sintió como si ella evitara el tema. Eso lo molestó.

–¿Te preguntas por qué no te lo he dicho antes?

–Los amigos hablan con los amigos. Si realmente eres tan buena dando, ¿por qué lo has retenido? –No había querido ser brusco. Vio una sombra de dolor en su cara y deseó poder retirar lo dicho.

Sus ojos, tan brillantes e intensos como siempre, nunca dejaron de mirar los suyos.

–No he mencionado nada sobre mi salud porque odio ser una carga para alguien a quien aprecio. Para mí es más fácil ofrecer ayuda que recibirla de los demás. Una de mis imperfecciones principales. De cualquier forma, se me está acabando el tiempo. Eres muy importante para mí. Te veo como un legado muy especial.

Su miedo y su culpabilidad se evaporaron, movidos por un abrumador sentimiento de gratitud y amor. –Esa es una responsabilidad muy grande –dijo él.

CAPÍTULO 14

ELEVANDO NUESTRAS VOCES
EN UNA CANCIÓN

Enero. Copos de nieve se veían caer a través de la ventana de su oficina. Un día pesado por delante. Un montón de asuntos en el aire. El teléfono sonó. Levantó el auricular.

–¿Es buen momento para hablar? –preguntó ella.

–Perfecto –mintió–; gracias por devolverme la llamada.

–Escuché tu mensaje en el contestador. Parecías preocupado. ¿Qué sucede?

–El clásico desaguisado. No es fácil arruinar la fiesta anual de la empresa, pero de alguna manera lo logramos.

–Es más fácil de lo que piensas. En realidad no es la primera vez que algo que deseamos sea especial, se eche a perder en nuestras narices. ¿Qué pasó?

–¿Recuerdas el concurso de relatos del lago?

–¿Cómo podría olvidarlo?

–Todos dicen que ha sido nuestra mejor reunión. Un magnífico sentimiento de comunidad. Solo que había un problema. Todos los asistentes eran administradores de primera línea. Sentimos que necesitábamos un público mayor, de tal manera que pudiéramos compartir el sentimiento con el resto de los niveles de administración.

–Una gran idea. El problema es conseguir que se dé el mismo espíritu. Es bastante difícil.

–Ya nos dimos cuenta. Un grupo se empezó a reunir después del retiro. Se llamaron a sí mismos "los del lago". Estaban emocionados haciendo un videoclip.

–¿Por qué un videoclip?

–Algo para presentar en nuestra fiesta anual. Tú decías que la música es una forma de expresar el espíritu. Hicimos una producción musical, llamada "El espíritu de las fiestas: nuestra forma de vida".

–¿Como un regalo especial para las fiestas?

–En ese momento parecía una gran idea. Todas las personas de la empresa vienen a la fiesta. Amigos y colegas. No sabes cómo trabajaron en la producción. Hicieron el vestuario. Ensayaron por las noches y en los fines de semana. Trajeron músicos de la sinfónica de la ciudad.

–Dedicaron mucho trabajo. ¿Cómo les salió?

–Artísticamente, la grabación es fantástica. Pensé que a todos les encantaría. Pero no. Falló.

–¿Y saben por qué?

–Buena pregunta. Estaba sincronizado. Yo mismo presenté la grabación. Lo hice con bombos y platillos. Después de eso, todo empezó a irse por la borda. No había entusiasmo. Solo un silencio embarazoso. No hubo risas en las partes cómicas. Un aplauso de cortesía al final. Sentía que el corazón se salía del pecho.

–Suena tremendamente doloroso.

–Insoportable. Mientras pasaba el final del video, conduje una pequeña oración.

–¿Hubo respuesta a la oración?

–Conseguí ayuda de algún lado. Estaba en el podio. Muerto de miedo. Pensando en qué le diría a Kurt.

–¿Quién es Kurt?

–El Presidente Ejecutivo de Finanzas. No había estado de acuerdo con el musical. Me había llamado para decirme que era una forma tonta de gastar el dinero de la compañía. Le dije: "no te preocupes, nos va a redituar en grande". No le parecía buena la idea. Es difícil hablar del espíritu con Kurt. Es la típica persona que busca la salvación en las estadísticas antes de pararse en la iglesia.

–Una vez tuve la misma percepción de ti. No lo condenes tan rápidamente.

–Para mi desgracia, yo no era tan quisquilloso con el dinero como lo es Kurt.

Ella no dijo nada. A través del teléfono, Steve no podía ver cómo levantaba las cejas y entornaba los ojos. Pero de alguna manera supo que lo había hecho.

–Está bien –dijo él–: le concedo a Kurt el beneficio de la duda.

–Sigue con el relato. Estás en el podio y el público te está acabando. ¿Qué hiciste?

–Empecé por agradecer a todos los que habían participado en la elaboración del video. Después les pregunté: "¿Alguna vez han visto a alguien abrir un regalo que ustedes le han dado y luego tratando de esconder su desilusión?"

–Es una buena analogía.

–Al parecer funcionó. Les dije que siempre asumimos un riesgo cuando damos un regalo. Cuando sale bien, es glorioso. Pero aunque no lo sea, el mismo espíritu está presente. De ese espíritu es de lo que se trata en nuestra organización.

–Ya estás aprendiendo a pensar con los pies en la tierra.

–Se debe a que nace del corazón. Gracias a ti.

–¿Por qué el video no fue el regalo adecuado?

–Todavía no me lo explico.

–Empecemos con la historia. ¿Desde hace cuánto tiempo se celebra esta fiesta?

–Años. Desde antes de que yo estuviera aquí. El mismo formato cada año. Pensaron que se necesitaba un pequeño cambio.

–¿Cuál era el formato tradicional?

–Barra libre. Cena buffet. Un show alusivo a las fiestas. Sopranos. Cuartetos. Armónicas. Magos. La hora del empleado aficionado. No se pensaba demasiado y generalmente salía bien.

–¿Qué pasó con la hora del empleado aficionado este año?

–Se eliminó. La reemplazamos con el video.

–¿Y aún te preguntas por qué falló el video?

Esperó que su voz no reflejara lo avergonzado que se sentía.

–Creo que no es un gran misterio. Borramos de un plumazo una ceremonia honrada por mucho tiempo. Debíamos haber previsto lo que pasaría.

–¿Por qué no lo hiciste? Es algo que ya habías trabajado antes.

–Estaba obnubilado, quizá. Me perdí por un momento. "Los del lago" pensaron que necesitábamos algo nuevo. El viejo formato ya resultaba cansador. La gente se quejaba todo el tiempo.

–¿Todos se quejaban?, ¿quién te lo dijo?

–Principalmente "los del lago". Lo veo en retrospectiva y fue un gran error. Solo hablé con quienes ya se habían apuntado en el nuevo orden del servicio. A la mayoría aún les gustaba el antiguo.

–Esa es una lección muy importante.

–Y bastante cara, también –se hizo un silencio en la línea–. Ya fue suficiente para mis quejas. ¿Cómo estás?

–Físicamente, no bien. Espiritualmente, emocionada. ¿Sabes que Rumi llama a la muerte "nuestra boda con la eternidad"?

–No, nunca lo había oído –sintió un escalofrío. Perderla era algo difícil de enfrentar.

–Y estoy avanzando mucho con mi libro.

–¿Libro? Nunca me contaste.

–Le he puesto un título tentativo: *Liderazgo inspirado*. Te gustará. Apareces en el libro.

–¿En el capítulo de lo que no se debe hacer?

–No. Estás caracterizado en el capítulo de desarrollo espiritual. Solo espero tener tiempo para terminar el libro antes de...

–Es un buen incentivo para estar por aquí –dijo él–. Tengo planes para ti. Hay un gran evento en abril. Realmente espero que puedas venir.

–¿Cuál es el motivo?

–Celebraremos el veinticinco aniversario de la compañía.

–Me encantaría asistir. Sería un gran honor, pero no puedo prometerte nada.

–No es lo que yo quería oír.

Después de despedirse, Steve se sentó en silencio durante varios minutos, viendo la nieve caer a través de su ventana. Sus pensamientos regresaron hasta el día en que manejó en medio de una tormenta para llegar a su casa. Lo haría de nuevo en cualquier momento. ¿Podría aguantar María hasta abril? No estaba seguro.

CAPÍTULO 15

CELEBRANDO
LOS ÍCONOS COMPARTIDOS

Estaba a la mitad de su segunda taza de café. Todavía gozando de los recuerdos de la noche anterior. El teléfono sonó. Era María. Hablaba suavemente. Su voz sonaba débil, cascada.

–Siento el haberme perdido la celebración del aniversario. ¿Cómo estuvo?

–Perfecta. Excepto por una cosa: no estuviste.

–Quería hacerlo. Pero no pude. Ponme al día. Cuéntame todo.

–Bien, "los del lago" siguieron reuniéndose. Hicieron un plan.

–¿El desastre de la fiesta anual no los desanimó?

–Los acicateó. Estaban decididos a que la siguiente vez lo harían bien. Involucraron a cuantos pudieron. Organizaron un montón de fuerzas de trabajo. Fue asombroso todo lo que hicieron en un par de meses.

–La fe mueve montañas. –Su voz era muy débil, pero su convicción se sentía tan fuerte como siempre.

–Tuvimos que mover algunas muy grandes. Eran muchas cosas. El tiempo apremiaba. Es difícil organizar a personas de cuatro continentes. Kurt estaba de nuevo sobre mí diciendo que despilfarrábamos el dinero.

–Kurt aún tiene la fe puesta en una sola cosa.

–Es su trabajo.

–¿Pero todo salió bien?

–Apenas. El día anterior al lanzamiento, todo parecía cuadriculado.

–Así pasa siempre.

–El plan era simple. Honrar el pasado. Celebrar el presente. Ver hacia el futuro.

–Simple, pero elegante. Cubrían todos los aspectos.

–El grupo de historia editó un video increíble. El tema era perfecto: "De una semilla, muchas plantas". Empezó con John Harding cantando un rap.

–¿John? Me cuesta trabajo imaginármelo. Lo conozco desde que inició la compañía. Es una magnífica persona. Pero creo que es un poco soso para cantar rap. Ya casi no tengo voz, pero creo que aún tengo mejor voz que él para cantar.

La oía reírse al otro lado de la línea. Se sintió mejor.

–A John no le hacía mucha gracia el vestuario. Camisa a cuadros, overol y un azadón. El estadounidense gótico, Deberías haberlo oído. Le puso todo el corazón. Con su mejor voz de barítono. "Fue en Cincinnati donde plantamos la semilla. Tratábamos de construir una compañía que yo orgullosamente dirigiría".

–Increíble. Es algo totalmente diferente a lo que es John –ella se reía aún más fuerte–. Me tienes que mandar una copia del video. Podría ser la mejor terapia que he tenido en mucho tiempo.

–Le encantó hacerlo. Una ejecución de antología. Críticas inmejorables,

–Es maravilloso. Desde que se jubiló, rara vez recibe reconocimiento público.

–Le debo mucho a John. Sin su empuje jamás te hubiera conocido.

–Es una deuda mutua. De cualquier forma, ¿qué más pasó?

–John termina sus versos. La cámara hace un cambio a los coros que están detrás de él. De ahí sale el primer administrador de la planta de Topeka y retoma la letra. Y siguió adelante. Relatando nuestra historia. Presentada justo ahí delante de todos. Cada momento y cada lugar. Muy conmovedor.

–No puedo esperar a verlo.

–El público estaba hipnotizado. Todos habían oído hablar de John. Una leyenda en la compañía. Pero la mayoría de ellos nunca lo habían visto. Los viejos saborearon los recuerdos. Los nuevos devoraron la historia. Todos lo gozaron.

–Generalmente sucede. Por lo menos, cuando tocas los temas adecuados.

–No como nuestro video de la fiesta anual... Pero regresemos al presente. Hicimos una gira en video por todas nuestras oficinas alrededor del mundo. Personas, lugares, productos. Todo en vivo, con la ayuda del satélite. Lo que nos costó fue algo difícil de negociar con Kurt. Pero valió la pena. Hasta él lo dijo. Fue la primera vez en que todos pudimos estar presentes en una fiesta. Vernos unos a otros. Hablar con los demás. Celebrar juntos. La reunión de una gran familia.

–John debe haber estado muy orgulloso.

–Estuvo llorando una buena parte del tiempo.

–Conociendo a John, eso es extraordinario.

–No estaba solo. Los sentimientos eran tan intensos... Yo esperaba que pudiéramos seguir adelante con la última parte.

–El futuro.

–Correcto. Empezamos con otro video. Jóvenes de todo el mundo. Empleados y clientes. Hablando de sus sueños, qué esperaban que llegáramos a ser. Todo lleno de fuerza, elocuente, inspirado. Me recordó qué tan loco estaba para creer que yo solo era la fuente de la visión.

–Has aprendido mucho desde entonces. Has desarrollado el valor para permitir que otros dirijan.

–Necesitaba todavía más valor. Yo debía cerrar el evento.

–Debe haber sido difícil aparecer después del video.

–Yo estaba impactado. No pude pronunciar el discurso que tenía preparado. No hubiera funcionado de todas maneras. Los jóvenes del video ya lo habían dicho todo.

–¿Qué hiciste?

–Hablé sobre ti.

–¿Hablaste sobre mí?

–De ti. Quería ser totalmente honesto. Les dije la verdad. Al principio, cuando llegué a esta posición, no estaba listo. No lo sabía en ese momento. John lo sabía. Me puso en contacto con una persona sabia y maravillosa. Mi guía espiritual. Ella me enseñó que liderar es dar. Que el espíritu es el centro de la vida. Me ayudó a encontrar mi alma. Después le dije al público: "todos ustedes también han sido mis maestros. Juntos, estamos encontrando el alma de la compañía, estamos construyendo un espíritu poco común. Una semilla, muchas plantas, un sueño compartido".

Silencio al otro lado de la línea. Steve sabía que ella lloraba. También él lloraba.

–Gracias, Steve. Muchas gracias. Significa mucho para mí. Asegúrate de enviarme el video.

EXPRESANDO EL ESPÍRITU

*La emoción más bella y profunda que podemos experimentar
es la sensación de lo místico. Es el sembradío de la verdadera ciencia.
Aquel para quien esta emoción es una extraña, quien no puede
asombrarse más y se queda parado ante lo extraordinario,
es tan bueno como la muerte. Saber que lo que es impenetrable
a nosotros realmente existe, manifestándose a sí mismo como
la más alta sabiduría y la belleza más radiante,
la cual nuestras limitadas facultades pueden comprender
solo en sus formas primitivas –este conocimiento, este sentimiento,
es el centro de la verdadera religión.*
Albert Einstein[*]

*Vamos a los servicios y leemos las palabras escritas,
no para encontrar a Dios, sino para encontrar una congregación,
encontrar a otras personas que están buscando la misma
presencia divina que nosotros. Al estar juntos, cantar juntos,
leer las mismas palabras juntos, nos sobreponemos al aislamiento
y la soledad en la cual ordinariamente vivimos. Todos nos convertimos
en uno y creamos el momento en que Dios se hace presente.*
Rabbi Harold Kushner[**]

---

[*] Citado en S. Mitchell (ed.). *The Enlightened Mind: An Anthology of Sacred Prose*, Nueva York, HarperCollins, 1991, pág. 191.
[**] Kushner, R. H., citado en Berman, P.: *The Courage of Conviction*, Nueva York, Ballantine, 1985, pág. 164.

Los administradores modernos se concentran principalmente en el lado racional de las empresas. Al rechazar la dimensión espiritual, pasan de largo por sobre una poderosa fuente intacta de energía y vitalidad. Los costos de esta omisión se esconden por su profunda devoción al mito que la razón llama "poder resolver problemas". En *Feast of fools*, Harvey Cox calcula el costo: "En su esencia, el hombre es *homo festivus* y *homo fantasia*. Celebrar e imaginar son partes esenciales de su humanidad, pero el hombre industrial de occidente, en estos últimos siglos, ha empezado a perder su capacidad de festejar y fantasear".[1] La pérdida, dice Cox, es personal, social y religiosa. Nos priva de un ingrediente central en nuestras vidas. Nos hace limitados y poco adaptables. Inmoviliza nuestro sentido de conexión con el cosmos, nos impide contribuir a algo más grande que nosotros mismos.

Steve sintió este precio en carne propia. Estaba en el fondo de su desaliento la primera vez que visitó a María. Su vida se había vuelto plana, gris y carente de sentido. Devoto de la iglesia del trabajo duro y la razón, no había puesto atención al centro espiritual de su organización. Para convocar al espíritu, Steve aprendió a adoptar el discurso simbólico del espíritu: arte, rituales, música, íconos.

La actividad expresiva se integra a la empresa humana del significado. Su ausencia mata la fe y la esperanza. Las personas se presentan sin pasión ni propósito. Aunque son ficticios, los eventos y los diálogos de este libro están basados en observaciones directas del comportamiento de muchas organizaciones triunfadoras. Vistos desde afuera, los eventos expresivos (los cadillacs rosados, diamantes y otros símbolos de los cosméticos Mary Kay, por ejemplo) pueden parecer superficiales e insulsos. Pero, vistos desde adentro, esos símbolos y las ceremonias fortalecen el alma de la organización y liberan su espíritu.

---

1. Cox, H.: *The Feast of Fools.* Harvard University Press, Cambridge, Massachusetts, 1969, p. 16.

Incluso los recién llegados y los que están afuera pueden saborear el espíritu de la ceremonia. Imaginen los sentimientos de un ingeniero mecánico que fue a recoger su automóvil nuevo Saturno y al llegar lo encontró justo frente a la sala de exhibición. Mientras tomaba las llaves, todos los empleados –mecánicos, oficinistas, cajeros, guardias– se reunieron alrededor de él y le cantaron. Posteriormente comentó que había pensado que estaba comprando un auto, pero que ahora sentía como si se hubiera unido a una familia.

La historia como un sueño público

En el primer diálogo, Steve descubre la magia de los relatos. A través del tiempo, las personas han recurrido a la narrativa para expresar profundos mensajes espirituales que de otra manera hubieran sido difíciles de comunicar. Las organizaciones exitosas son organizaciones con muchos relatos. No tenemos que pertenecer a ellas por mucho tiempo o meternos mucho para oír acerca de ellos. Muchas organizaciones contemporáneas regularmente dedican tiempo a contar relatos. A través del tiempo, las capas de relatos se acumulan para ayudar a las personas a tocar el mundo de los sueños de la mitología corporativa. Se ha sugerido que "un sueño es una experiencia personal de lo profundo y oscuro que sostiene nuestra vida consciente, y un mito es el sueño de la sociedad. El mito es el sueño público y el sueño es el mito privado".[2] Sin relatos ni mitos, no hay sueño público. Sin los sueños compartidos, las organizaciones vacilan y perecen. Individuos, grupos y organizaciones, todos necesitan sus propios relatos. Los líderes deben aventurarse más allá de senderos conocidos y protegidos para encontrar su propio almacén de provisiones. Los relatos les ayudan a

2. Campbell, J. (con B. Moyers): *The Power of Myth, op. cit.*, p. 48.

elegir la dirección y aprender de sus experiencias. "Contamos relatos para iluminar el sendero por el que viajamos, y para compartir humor, valor y sabiduría en esta batalla de la liberación".[3]

Los relatos de María le dieron a Steve un faro de luz provisional en su sendero hacia la liberación espiritual, hasta que él empezó a sacar sus propios relatos. Entonces, pudo ayudar a su compañía a seguir su propio camino espiritual. El relato ganador en el retiro gerencial tomará su lugar en la emergente leyenda de la compañía. La moraleja: los líderes necesitan seguidores. El verdadero impulso viene de abajo.

La música como realce

La aventura de Steve al usar la música como una manera de conjuntar espíritus nos da una importante advertencia. La actividad expresiva es poderosa. Cuando funciona, es majestuosa. Cuando sale mal, puede ser un tiro por la culata, dejando tras de sí una ola de suspicacia, un sentimiento de manipulación y de traición. Los compositores del desafortunado musical tenían una buena idea. Sus esfuerzos fallaron porque ignoraron la tradición y no sabían lo suficiente de su público. El resultado de la presentación trajo consigo desilusión y enojo, en lugar de construir espíritu.

La filósofa Susanne Langer hace la siguiente observación: "La música es el álgebra de los sentimientos".[4] Una película sin música es como comida sin condimento o una mañana de primavera sin pájaros cantando en los árboles.

3. James. J.: "African Philosophy, Theory, and Living Thinkers", en James, J. y Farmer, R. (eds.), *Spirit, Space and Survival: African American Women in (White) Academe*. Routledge, New York, 1993, p. 31.
4. Langer, S. K.: *Philosophy in a New Key*. Harvard University Press, Cambridge, Massachusetts,1951, p. XVII.

La música es el lenguaje del espíritu. "Crea magia, consagra los sentimientos y borda en una sola pieza las delicadas fibras del alma".[5]

La música inspiró la epifanía de Steve en la Catedral de Nôtre Dame. La canción *a capella* fue tan esencial como lo fue la majestuosidad del lugar para crear en él esa poderosa experiencia espiritual. El mismo poder de la música es esencial en las organizaciones modernas. Thomas Watson, quien hizo de International Business Machines (IBM) una de las compañías más exitosas del mundo, entendía la importancia del canto –los antiguos miembros de IBM cantaban juntos la canción de la compañía–. Hace tiempo que Watson y la canción desaparecieron. Quién sabe si la pérdida del corazón fue la base de la caída de IBM en los años ochenta.

Walter Durrig, antiguo comandante del ejército suizo lo resume con una frase suizo-germana, "singe oder seckla". Burdamente traducida, dice: "o cantas o te doy en el trasero".

Historia e íconos

El historiador de la educación Jay Featherstone se refiere a los Estados Unidos como "Estados Unidos de Amnesia", porque apreciamos muy poco la significación de la historia. Sin raíces, la planta se muere. Sin historia, el presente no tiene sentido. Sin una base histórica, la visión carece de bases y es ilógica. Cuando Steve tomó por las riendas el don de la significación, se dio cuenta del papel vital que juega la historia en la vida espiritual de una organización. Las celebraciones fusionan pasado, presente y futuro en una sinfonía coherente. El desaguisado del video se produjo porque los organizadores ignoraron la historia de la compañía. En la celebración del veinticinco aniversario, los organizadores

---

5. Langer, S. K.: *Philosophy in a New Key, op. cit.*, p. 236.

habían aprendido de su error anterior. Cuando los empleados de todo el mundo repasaron la historia de su organización, fortalecieron su sentido de conexión y pertenencia. La historia se convirtió en su relato,* y esa historia les dio una plataforma orgánica para el presente y una base de lanzamiento para el futuro.

Al convocar al espíritu y preocuparnos por el alma, debemos aprender de antiguas lecciones. Hay una verdad más allá de la racionalidad. La línea de base no es el último criterio. Hay otra dimensión. Casi todas las organizaciones tocan su realidad de tiempo en tiempo –en las fiestas de jubilación, reuniones de fin de año, comidas de premiación o en otras ocasiones especiales–. Sin embargo, con demasiada frecuencia, tales eventos son ocurrencias de último momento, organizados de prisa y a los que se asiste sin mucha emoción. Las personas los ven como son: mecánicos y sin espíritu, pálidas sombras de lo que en realidad podrían y deberían ser. La enfermedad del espíritu exige un alto precio. La bancarrota espiritual finalmente conduce a la quiebra económica. El precio más alto es un mundo donde todo tiene una función, pero casi nada tiene algún significado.

Los síntomas de un alma amnésica aparecen de muchísimas maneras: violencia, letargo, enajenación, alcoholismo, deterioro de las familias. La psique moderna es "víctima de la industrialización tanto como lo fueron los cuerpos doblados de aquellos desafortunados niños que alguna vez fueron confinados a las fábricas inglesas desde el amanecer hasta el anochecer".[6]

---

6. Cox, H.: *The Feast of Fools, op. cit.*, p. 12.
* Los autores juegan con la palabra *history: his-story.*

UNA NUEVA VIDA

CAPÍTULO 16

EL CREPÚSCULO DEL LIDERAZGO

Su llamada fue una sorpresa. Ella nunca había pedido una reunión. Al principio, no reconoció su voz. Pero era aún más mortificante lo que sintió como verdadera razón para su encuentro. Quería despedirse. Trató de engañarse a sí mismo. Se dijo que debía ser alguna otra cosa. En el fondo, sabía que tenía que enfrentar la verdad.

El camino familiar hasta su casa de nuevo le trajo recuerdos. Lo nervioso que estaba la primera vez que se encontraron. La vez que ella le dijo que se perdiera, y que lo hizo. Las muchas veces que ella le había contestado con otra pregunta –manteniendo su viaje vivo y en la ruta–. Se sintió nervioso de nuevo, pero por otra razón. Cuando se vieron por primera vez, estaba desesperado por su nueva vida. Ahora, él temía por la vida de ella. Conforme avanzó por el sendero familiar, esperó verla parada ante la puerta. No estaba ahí.

La encontró sentada en su silla favorita, envuelta en un caftán bordado y lleno de colores. Sus ojos café parecían aún más vívidos de lo que él recordaba, su sonrisa era cálida y enigmática, como siempre. Luego la miró más de cerca. Sus ojos se veían más vitales solo porque su cara estaba pálida y demacrada. Había un aire de tristeza que él nunca había visto.

–Estoy tan contenta de que hayas venido –dijo ella suavemente.

Steve sabía que estaba haciendo un esfuerzo para parecer fuerte. Su voz la delataba.

–Sabes que no puedo estar mucho tiempo. –Trató de aparentar fortaleza.

–Gracias por el video. ¡Qué evento tan maravilloso! Hablé con John. Lo llamó una obra maestra de la espiritualidad, una obra de arte. Está tan orgulloso, yo también.

–Tú lo hiciste posible. Sin tu...

Ella levantó la mano. –No te pedí que vinieras para eso. Necesito decirte algo. Se me está acabando el tiempo. Probablemente este sea nuestro último encuentro.

Él sabía que el momento estaba llegando, pero no estaba preparado aún.

–No sé cuánto tiempo me queda –continuó ella–, no es mucho.

–He estado tratando de convencerme de lo contrario.

–Yo también, tanto como he podido. Ninguno de los dos lo puede negar más. Quería que tuviéramos un tiempo juntos antes de que me vaya. Tú eres muy importante para mí. Más de lo que crees. Amo la jardinería porque me encanta ver crecer. Hay un enorme gozo cuando alimentas algo y lo ayudas en el camino. Es como ser padre y madre. Tu viaje espiritual ha sido un maravilloso regalo para mí.

Él dejó de resistirse a los sentimientos que surgían de su interior. –Eres el padre que nunca tuve. Mi papá murió cuando yo era muy joven. Estuve muy cerca de mi madre, pero ella era más una conciencia que una motivación. Tú has sido mi guía. Eres alguien como yo querría llegar a ser.

Sus ojos se hicieron más profundos.

–¿Recuerdas nuestro primer encuentro? –preguntó ella.

–A cada minuto. Pensé en ese encuentro y en todos los demás cuando venía para acá. Cuánto miedo tenía al principio. Me sentía en el nivel más bajo y a punto de tirar la toalla. Nada tenía sentido. Nada de lo que yo hacía parecía mejorar las cosas.

–Eso me pasó a mí una vez. Hace mucho tiempo. Antes de que tú nacieras. ¿Recuerdas cómo tu carrera era lo único importante? Me pasaba lo mismo. Quizá yo estaba aún más centrada en ello. Entonces era muy difícil, verdaderamente difícil, para una mujer. Los altos puestos administrativos eran para los hombres. Tenía que ser más inteligente y trabajar más duro. Era la única manera de salir adelante. Hice *muchos* sacrificios.

–Ese es el motivo por el que di con un punto neurálgico cuando te pregunté por las fotografías.

–No solo un punto neurálgico. Tocaste mi alma –se detuvo y cerró los ojos–. Me enamoré en una ocasión. No era lo mejor, pero era bueno. Él era casado. Me embaracé. Durante semanas me debatí entre mi carrera o el bebé.

Steve nunca había sentido tanta empatía por alguien. Ni tampoco tanto amor. Se le secó la garganta, le costaba trabajo tragar.

Ella esperó. Después continuó vacilante. –Mi corazón me aconsejaba tener al bebé. Mi mente me decía que no podría conservarlo. Ganó mi corazón. Fue un niño, Tommy –se detuvo y miró hacia abajo. Él podía ver las lágrimas que resbalaban por sus mejillas–. Era hermoso. El regalo más maravilloso que yo jamás había recibido. Después él se fue. Sida, creo que dirían ahora. Él sigue conmigo. Todos los días. Tendría tu edad.

–¿Por qué no me lo dijiste? –sintió su angustia. Deseó no haber preguntado.

Ella miró hacia abajo. Se quedaron sentados en silencio durante varios minutos.

–Al principio yo no hice ninguna conexión. Y si la hubiera hecho, de todas maneras no te lo habría dicho.

–¿Por qué no?

–Ese no era nuestro acuerdo. Viniste buscando guía espiritual, aunque tú no lo supieras. Mi trabajo era ayudarte en tu viaje. Ahora mi viaje está terminado. Aún hay más. Quiero que lo sepas todo. Después de la muerte de Tommy, traté de volcarme por completo a mi carrera. Así como lo hiciste tú. Tuve la oportunidad de iniciar mi propio negocio. Tuve suerte: el lugar correcto en el momento correcto. El negocio se convirtió en mi hijo. Puse todo lo posible para que triunfara y funcionó, más allá de mis más locos sueños.

–He oído las historias. Eres una leyenda.

–Hay otras cosas que no sabes. Casi nadie las sabe.

–¿Por qué abandonaste tu negocio? ¿No era como dejar a tu hijo?

–Me enfermé. Verdaderamente enferma. Tenía grandes dolores. No quería que nadie lo supiera. Era una locura, se supone que el líder nunca se enferma. Empecé a tomar pastillas para el dolor. Me volví más adicta a las pastillas que al trabajo. Me tomé unas largas vacaciones en Europa. Eso fue lo que se dijo. La verdad era que me había internado en una clínica cerca de París. Buscaba ayuda médica. Encontré más que eso: había un sacerdote, un hombre sabio. Nunca había conocido a alguien con un sentido más ecuménico del espíritu humano. Al principio no tenía más sentido para mí que lo que yo tenía para ti en nuestros primeros encuentros. Pero él era paciente y muy persistente.

–Muy parecido a ti.

–Eso espero. Me ayudó a encontrar un sendero diferente.

–Como tú me ayudaste a mí.

–Después de la muerte de Tommy, me encerré con muchas preguntas espirituales. El sacerdote me enseñó que tenía que explorarlas. Cuando lo hice, me di cuenta de que eran más reales y más importantes que cualquier otra cosa. Me ayudó a encontrar un nuevo sendero. Había hecho ya todo lo que podía hacerse en los negocios. Mi compañía, mi segundo hijo, era todo un éxito. Había formado a mis sucesores. Tenía suficiente dinero. Dejé mi negocio a la siguiente generación, y recreé mi vida alrededor de tres pasiones: arte, jardinería y espíritu.

–Y ayudar a los demás. Ser un padre espiritual.

–Esa era mi nueva vocación. Ayudar a las personas a través de sus senderos espirituales.

–Me ayudaste a encontrar mi alma. Me retaste a liderar desde el corazón. Me ayudaste a llevar el espíritu a mi compañía. Es una deuda que nunca voy a poder pagar.

–Ya la has pagado y con intereses.

Se sentaron cara a cara durante varios minutos. No necesitaban hablar. El silencio hablaba elocuentemente; dos espíritus unidos. Después un agudo dolor se reflejó en la cara de María, rompiendo el momento.

Él sabía que su reserva de energía se había acabado. Quería quedarse. Pero sabía que era hora de partir. Se acercó a ella y tomó sus manos. Recordó lo reconfortante que había sido el toque de María alguna vez para él. Esperó que ella lo sintiera así de reconfortante. Ella se acercó a una mesa, tomó un pequeño sobre y se lo entregó. Él reconoció su papelería personal.

–Para más tarde –dijo ella.

–Tu trabajo seguirá adelante –dijo él, sorprendido de que le saliera como un murmullo.

–Lo sé. Te estaré viendo.

Con dificultad llegó hasta su auto. Mordiéndose los labios, buscó las llaves. Un torrente de lágrimas le impedía encontrar el *switch*. Se dejó caer en el volante y lloró. Recupera

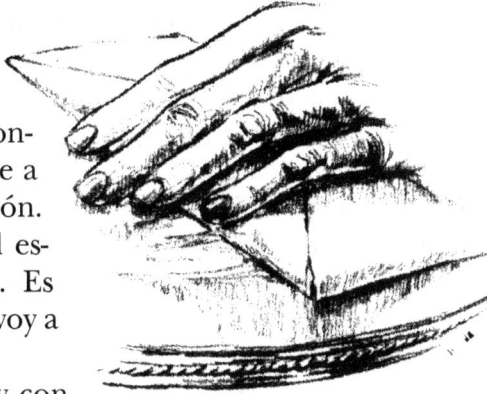

la compostura, pensó. ¿Y qué si ella lo veía? Entonces hizo la única cosa que le parecía sensata. Se fue a caminar alrededor del lago.

Llegó al arroyo donde alguna vez él y María habían visto a la hoja flotar en las aguas. Se sentó y abrió el sobre. Ella había escrito una pequeña nota a mano:

Querido Steve:

Hace más de 600 años, el gran poeta italiano Dante le dio forma poética a un viaje de su propia alma. Virgilio era el personaje encargado de ser su guía a través del infierno. Al final del viaje, Virgilio se va. Algunas veces es difícil decir lo que está en nuestros corazones. La despedida de Virgilio, siempre actual, expresa lo que quisiera decirte:

> Has visto los fuegos de la pasión y el infierno,
> Mi hijo, y ahora llegas
> A donde yo mismo no puedo ver más allá.
> Te he traído aquí con inteligencia y con arte.
> Tú tomas como guía el verdadero placer del corazón.
> Has pasado a través de escalones y de lugares estrechos.
> Y ahora el sol brilla esplendoroso
> Sobre tu frente.
> Mira alrededor las flores y el pasto tierno
> Donde crece la tierra del paraíso.
> Tus ojos, que alguna vez lloraron
> Me trajeron a ti, ahora brillan y están llenos de maravilla.
> No puedo ir más lejos.
> No esperes de mí palabras o signos
> Tu sentimiento es el correcto y vibrante y libre.
> Desobedecerlo sería una falta.
> Por lo tanto, te doy a ti mismo
> Coronado y reconocido, tú eres tuyo.[1]

Una descarga de amor y orgullo se mezcló con su más profunda tristeza.

---

1. Alighieri, D.: *The Divine Comedie: Purgatory*, Canto XXVII. Traducido por S. T. Massey en "The Act of Creation and the Process of Learning", presentado ante El Congreso Cultural, Indianapolis, Indiana, marzo 12, 1994.

CAPÍTULO 17

REFUGIO PROFUNDO

El funeral había terminado. Estaba solo. Lo sabía. Pero aún podía sentir su presencia. Se descubrió a sí mismo hablando con ella. ¿Estaba loco? ¿Le hablaba a un fantasma? No le importaba.

Recordó la tarde del sábado en que ella murió. Él y Gwen estaban solos en casa por la noche. Sentados, hablando y sintiéndose el uno al otro. Escuchando jazz en el fondo. El timbre los sorprendió. Un intruso mal recibido. Era John. Su cara lo decía todo. María estaba muerta.

Steve recordaba haber puesto sus brazos alrededor de John. Nunca se habían abrazado antes. "Deberías estar orgulloso", dijo él.

Recordó la confusión. Gwen se hizo cargo de la situación. Los llevó a la sala. Sirvió algo de vino. Les pidió que hablaran de María. Relatos. Lágrimas. Risas. Más lágrimas.

Estaba hablando de nuevo con ella. Como si estuviera allí. Al principio solamente pensaba en el vacío. ¿Cómo lo voy a llenar? ¿Cómo puedo seguir adelante sin ti? No creí que pudiera hacerlo. Después me di cuenta de que tu espíritu aún está aquí, en lo profundo de mi corazón. Siempre estará, mientras lo mantenga vivo.

Recuerdo haber ido a tu casa antes del servicio funerario. Todo seguía igual. El jardín. El arte. En tu recámara encontré una fotografía de Tommy. Sí conservabas la fotografía de alguien. Quizá era suficiente. Hubiera deseado que Tommy estuviera ahí. Podríamos haber sido amigos.

Se detuvo un momento. Sentado en silencio. Era extraño estar hablando con alguien que no estaba ahí. ¿Por qué? Recordó lo que había aprendido de ella. Le habló de nuevo. Espero que el funeral haya sido lo que tú querías. Simple. Elegante. Del corazón. Un reflejo de ti.

Repasó en su mente todas los relatos que sus amigos habían compartido. Cómo la conocieron. Cómo era ella. Qué había significado para ellos. Casi todos los ahí presentes habían hecho una ofrenda personal. Fue con el relato de John como se descubrió a sí mismo repasando y saboreando todo más que cualquier otro. Trató de verlo todo con los ojos de su mente. Un gran salón de baile. Una multitud reunida para testimoniar en honor de John. Una serie de brindis, cada uno más irreverente que el anterior. Luego el maestro de ceremonias anunciando el espectáculo de la noche –directo desde Tokio, la más reconocida intérprete de kabuki, Marinari Takehashi–. Una cantante elegante, con el maquillaje tradicional y portando el kimono completo, se dirigía al centro del escenario. Una bella voz cantaba ópera japonesa. Marinari se inclinaba profundamente y caminaba hacia John. Después, para su completa sorpresa, brincaba en su regazo y lo abrazaba efusivamente. John estaba impresionado. Marinari murmuraba en su oído, *¡Hajimemashite. Gotcha, John -san!* John se desternillaba de risa cuando finalmente descubría que la gran cantante de kabuki no era otra sino María.

El servicio era una hermosa recopilación de quien había sido una extraordinaria persona. Una vida única que había enriquecido la de muchos otros.

Le habló de nuevo a María. Quizá tú sabes lo mucho que batallé con lo que iba a decir. Parecía que nunca encontraría las palabras correctas. Compré un libro de poemas de Rumi porque a ti te gustaban mucho. Mientras lo leía, las palabras adecuadas saltaron de la hoja. Decía justo lo que yo quería decir. Espero que lo hayas escuchado.

Recitó el poema de nuevo, lentamente:

Tres compañeros para ti:
El número uno, lo que posees. No dejarás la casa a pesar de que
te encuentres en peligro. Siempre permanece adentro.
El número dos, tu buen amigo. Al menos, viene al funeral.
Se para y platica en la banqueta, no más.
El tercer compañero, lo que tú haces, tu trabajo, se va contigo
hasta la muerte para estar contigo, para ayudar.
Busca un refugio profundo con ese compañero, desde antes.[1]

Al terminar, miré los rostros de los demás. A través de mis lágrimas podía ver las suyas. Sabía que estabas ahí con nosotros.

---

1. Rumi, citado por Moyne y Barks en *Open Secret: Versions of Rumi, op. cit.*, p. 79.

EL CICLO DEL ESPÍRITU

> *Clay todavía yace, pero la sangre es un vagabundo;*
> *El aliento es una mercancía que no se mantendrá;*
> *Levántate joven: cuando la jornada haya terminado*
> *Habrá tiempo suficiente para dormir.*
> Alfred Edward Housman,
> poeta y erudito clásico inglés*

El ciclo espiritual ha llegado a ser un círculo completo. Al afrontar la muerte de María, Steve empieza a prever el ocaso de su propio viaje espiritual. La muerte crea terror. También genera una nueva vida y una valoración renovada de los dones de la vida. Cuando nos desposamos, dejamos una familia para unirnos a una nueva. Cuando morimos, nos vamos de este mundo para reunirnos con la eternidad.

Aceptar el destino

En *How We Die* [*Cómo morimos*], el especialista en bioética Sherwin Nuland nos recuerda el escaso control que tenemos

---

* Housman, A. E.: "Wake: The Silver Dust Returning", en *A Shropshire Lad*, Londres, Paul, Trench, Treubner, 1896.

de la oportunidad y el comportamiento de nuestra salida final[1]. El final, cuando llega, a menudo es confuso y doloroso, en lugar de digno y apacible. Sabemos que moriremos, pero continuamente tratamos de dejar esta seria realidad en las sombras de la conciencia. El antropólogo cultural Ernest Becker escribió: "Todo lo que el hombre hace en este mundo simbólico es un intento de negar y superar su destino grotesco"[2].

La cuestión es si debemos ver este destino como grotesco. Negar nuestro destino es sucumbir al miedo. Aceptarlo y reconocer que contribuimos a través de nuestra muerte así como de nuestra vida es liberador. Esto abre nuevas posibilidades para la vida y el liderazgo.

Por lo general, asociamos el liderazgo con el nacimiento y el crecimiento, en lugar del ocaso o eclipse. Como todos nosotros, los líderes a menudo niegan su propia mortalidad, y suponen que ellos o lo que han construido durarán para siempre.

Un viejo relato sufí capta este problema existencial. Cuenta que Jesús caminaba junto a un rebaño de ovejas y le susurró algo en el oído a una de ellas. Luego esa oveja dejó de comer y beber. Algunos días más tarde, Jesús pasó nuevamente junto al rebaño y le preguntó al pastor por qué una de sus ovejas parecía estar en tan mal estado de salud. El pastor, sin reconocer a Jesús, respondió que alguien había pasado por allí y le había susurrado algo en el oído a la oveja. El relato termina con su moraleja: "Si usted tiene la curiosidad de saber qué le dijo el venerable Jesús a la oveja, se lo contaré. Lo que el bendito Jesús dijo fue: 'la muerte existe'. Si bien era solo un animal, cuando oyó hablar de la muerte, esa oveja dejó de comer y entró en un estado de estupor"[3].

1. Nuland, S. B.: *How We Die*, Nueva York, Knopf, 1994.
2. Becker, E.: *The Denial of Death*, Nueva York, Free Press, 1973, pág. 27.
3. Kurtz, E y Ketcham, K.: *The Spirituality of Imperfection: Modern Wisdom from Classic Stories*, Nueva York, Bantam, 1992, pág. 58.

Hubo un tiempo en que la muerte de María había dejado una profunda herida en el corazón de Steve y sirvió como un recuerdo deprimente de su propia mortalidad. Todos hemos estado afligidos por el dolor y la pérdida después de la muerte de un ser querido. El hecho de tener su alma y corazón abiertos le permitió comprender que todos nosotros "estamos experimentando continuamente la muerte y la vida de los otros"[4]. Ahora Steve podía ver en la muerte "el patetismo de lo transitorio, la dulce tristeza de comprender algo que no podemos controlar"[5].

Ernest Becker encuentra un propósito e incluso optimismo en el hecho de aceptar, en lugar de negar, la muerte como el fin del viaje espiritual de la vida. Lo máximo que cualquiera de nosotros puede hacer es forjar algo –un objeto o a nosotros mismos– e introducirlo en la confusión y ofrecerlo, por así decirlo, a la fuerza de la vida"[6].

Mientras que las heridas personales de Steve se convirtieron en el ojo para descubrir su alma, su aceptación de la muerte de María abrió nuevas posibilidades para su liderazgo. Ahora podía empezar cada día con un optimismo que encontraría entre el caos y la confusión, para desarrollar una institución humana perdurable. Podía ver claramente de qué modo los esfuerzos individuales pueden acumularse en un legado histórico compartido. "Independientemente de lo que haga, cada persona sobre la Tierra desempeña un papel central en la historia del mundo. Y normalmente ella no lo conoce"[7].

---

4. Frye, N.: *Myth and Metaphor: Selected Essays, 1974-1988*, editado por R. D. Denham, Charlottesville, University Press of Virginia, 1990, pág. 224.
5. May, Ory y Myten, pág. 294.
6. Coelho, P.: *El alquimista*, Planeta, Barcelona, 2002.
7. Becker, E.: *The Denial of Death*, Nueva York, Simon & Schuster, pág. 285.

Elegir la esperanza

Steve tuvo la suerte de encontrar una guía que lo desafió y alentó a buscar en su corazón las posibilidades del liderazgo. Ella lo ayudó a ir más allá de la racionalidad, la codicia y el resultado final para descubrir el propósito espiritual más profundo de la vida. La búsqueda le exigía abordar profundamente las cuestiones centrales del significado y la fe. ¿En qué creía Steve? ¿Cómo entendía el universo y su lugar en él? Steve afrontó el punto central de la elección postulado por Andrew Greeley:

> Me parece que en el último análisis hay solamente dos opciones: el argumento de Macbeth de que la vida es un cuento relatado por un necio, lleno de estrépito y furia, que no significa nada, y el argumento del religioso y filósofo francés Pierre Teilhard de Chardin de que "algo está en vías de realizarse en el universo, algo que parece como la gestación o el nacimiento". Hay un plan y un propósito, y ese plan y propósito se pueden expresar mejor con las palabras "vida" y "amor", o bien vivimos en un cosmos cruel, arbitrario y engañoso donde nuestras vidas constituyen una breve transición entre dos olvidos. Los datos no son concluyentes en cuanto a estas dos opciones, al menos si los consideramos desde un punto de vista racional y científico... Yo elijo la esperanza, no como una opción irracional de cara a los hechos, sino como un acto de fe en la bondad que he experimentado en mi vida[8].

Mientras sondeaba su alma, Steve optó por la esperanza. Fue capaz de ver los dones del liderazgo como una expresión de vida y amor, y como una manera de ayudar a su organización a descubrir una nueva y vibrante fe. De acuerdo con la frase de Kierkegaard[**], Steve se había convertido en un "caballero de la fe":

---

8. Greeley, A., citado en Berman, P. *The Courage of Conviction*, Nueva York, Ballantine, 1985, págs. 114-115.
** Sören Kierkegaard (1813-1855), filósofo y teólogo danés que tuvo gran influencia en la teología y la filosofía occidentales modernas.

Esta figura es el hombre que vive con la fe, que ha consagrado el significado de su vida a su creador y que vive centrado en las energías de su hacedor. Él acepta todo lo que ocurra en esta dimensión visible sin quejarse, vive su vida como un deber, afronta su muerte sin reparos. Ninguna trivialidad es tan irrelevante que amenace su significado; ninguna tarea es tan agobiante para su coraje. Vive en el mundo totalmente de acuerdo con sus condiciones, y más allá del mundo por su confianza en la dimensión invisible. El caballero de la fe representa lo que nosotros llamamos una prueba de la salud mental, la apertura continua de la vida sin los temores de la muerte[9].

Búsqueda de la sabiduría

Los capitanes de la industria norteamericana del siglo XIX condujeron sus organizaciones hasta alcanzar una preeminencia internacional. Pero esos capitanes fueron gradualmente reemplazados por los gerentes modernos que nos han ayudado a ver las virtudes de las metas claras, los objetivos mensurables, la especialización, las normas y la responsabilidad. Hemos recorrido un largo camino desde nuestros ancestros que trabajaban íntimamente con la naturaleza en grupos familiares o en pequeñas comunidades. Hoy afrontamos desafíos que van más allá del alcance de los capitanes de la industria y de la gerencia moderna. Los avances tecnológicos han creado mecanismos y eficiencias antes desconocidos. Sin embargo, todavía afrontamos una serie de problemas, como la desavenencia, el malestar, la violencia y la pobreza, que se resisten a las soluciones racionales y técnicas.

Cada vez más personas vemos que estos problemas tienen su origen en una enfermedad del espíritu humano. Varios presidentes norteamericanos han hecho hincapié en

9. Kierkegaard, S., citado en Becker, E.: *The Denial of Death* (op. cit. en nota 8), págs. 257-258.

estas dificultades. Jimmy Carter puede haberse adelantado a su tiempo cuando sugirió que los Estados Unidos estaban padeciendo una enfermedad espiritual. Pocos de sus compatriotas lo reconocieron en el momento, pero Bill Clinton insistió sobre el tema quince años más tarde. Este no es un mensaje limitado a los baptistas, los sureños o los demócratas. Lee Atwater, uno de los arquitectos del éxito político de Ronald Reagan, habló del "vacío espiritual en el núcleo de la sociedad norteamericana, este tumor del alma". En otro nicho de la sociedad norteamericana, el mismo mensaje fue repetido por un hombre de Nashville autodefinido como "desempleado, empobrecido, enfermo crónico, discapacitado y sin hogar". El hombre escribió en la página editorial del diario local: "Nuestra nación está experimentando una severa e importante crisis espiritual, en la cual el futuro del país corre un gran peligro".

Para tener éxito frente a nuestros desafíos espirituales, necesitamos una visión del liderazgo basada en un sentido perdurable de la sabiduría humana. Necesitamos una nueva generación de buscadores, como María y Steve, que tengan el coraje de enfrentarse a sus propios demonios, embarcarse en una búsqueda personal del espíritu y el corazón, y comprometerse a compartir su aprendizaje y dones con los otros.

¿Cómo desarrollaremos a los buscadores que precisamos? Para empezar, necesitamos un cambio revolucionario en nuestra manera de pensar acerca del liderazgo y cómo desarrollar líderes. Los programas de desarrollo del liderazgo y la gerencia a menudo ignoran o menosprecian el espíritu. Necesitan incorporar los temas y las formas espirituales como la poesía, la literatura, la música, el arte, el teatro, la historia, la filosofía y la danza. También necesitamos más guías como María: que puedan alentarnos en nuestro viaje y ayudarnos a aprender de nuestra experiencia, incluso cuando fracasamos. En las últimas décadas, hemos desarrollado una especie de pacto implícito con los miembros más ancianos de nuestra comunidad. A cambio de una mejor atención médica y más independencia financiera, ellos esperan salir para jugar al bridge o al golf, y dejarnos al resto que sigamos con nuestras propias ocupaciones. El mensaje implícito es que deseamos que ellos se sientan cómodos, aun cuando en su mayor parte sean laboralmente inactivos. De esta manera, los hemos aislado de las potenciales fuentes de discernimiento espiritual en las residencias y comunidades de ancianos donde su sabiduría y experiencia pocas veces son accesibles al resto de la comunidad.

Los líderes como Steve a menudo afrontan grandes desafíos con una reserva inadecuada de experiencia o madurez. Por eso, buscan libros, artículos, consultores y cursos a fin de encontrar la solución que les asegure una buena posición. Cuando todo esto fracasa recurren a la próxima moda. Sin embargo, en el mundo hay incontables guías potenciales como María, fuentes de orientación que son desaprovechadas o subutilizadas. El retorno a la espiritualidad nos permitirá apelar a su sabiduría. En las cuestiones del espíritu, la sabiduría y la experiencia importan mucho más que la técnica o la estrategia.

Como María, los buenos maestros espirituales de muchas culturas y tradiciones han creído que su tarea es ayudar a las personas a encontrar su sabiduría en su interior. Este mensaje es el punto central de una historia contada repetidamente en muchas tradiciones espirituales diferentes. El poeta y místico Andrew Harvey ofrece una versión sufí del relato:

> Hubo un hombre que vivía en Estambul, un hombre pobre. Una noche soñó vívidamente con un gran tesoro. En un patio, a través de la puerta, vio un montón de joyas resplandecientes apiladas al costado de un anciano con barba. En el sueño, una voz le dio una dirección, calle Stassanoupulis 3, El Cairo. Dado que él había aprendido lo suficiente para confiar en sus visiones de los sueños, emprendió un fatigoso viaje hasta la calle

Stassanopoulis de El Cairo. Un día, muchos años más tarde, llegó hasta esa puerta, pasó a un patio lleno de luz, vio al anciano de su sueño sentado sobre el banco y le dijo: "Hace muchos años tuve un sueño, y en él usted estaba sentado exactamente donde lo está ahora. Entonces vi este gran tesoro junto a usted. He venido a contarle mi sueño y a reclamar mi tesoro". El anciano sonrió, lo abrazó y dijo: "Qué extraño, anoche soñé que bajo la cama de una casa pobre en Estambul se encontraba el tesoro más grande jamás visto". En ese momento, el hombre pobre vio que lo que él había estado buscando durante todos esos años estaba realmente bajo su propia cama, en su propio corazón, en el centro de su propia vida[10].

La responsabilidad del guía no es dar respuestas, sino plantear preguntas, sugerir direcciones para explorar y ofrecer apoyo. "El hombre renace, con la ayuda del maestro. Ya no nace de la carne, sino que renace del espíritu y de la inspiración interior"[11].

Si buscamos una guía, sin duda podemos encontrarla, pero necesitamos escogerla sabiamente. Siempre existe el riesgo de los falsos profetas, figuras carismáticas como Marshall Applewhite, Jim Jones, David Koresh y todos los otros sacerdotes y líderes políticos o espirituales que han explotado a sus seguidores y han pervertido la fe. Deberíamos ser profundamente escépticos con respecto a alguien que ofrece una creencia basada en el exclusivismo, el aislamiento y la intolerancia. Pero hay muchos maestros cuya espiritualidad está firmemente enraizada en el amor y la sabiduría. Su fe puede ayudarnos a reclamar y recuperar nuestras almas. Una vez que encontremos nuestra propia luz interior, podremos compartirla con otros y ofrecer los dones desde nuestro corazón. Los dones del amor, la autoría, el poder y la significación pueden crear las organizaciones sólidas e inspiradas que necesitamos.

---

10. Coelho, P.: *El alquimista*, Planeta, Barcelona, 2002.
11. Purucker, G. de.: *Wind of the Spirit*, Pasadena, California, Theosophical University Press, 1984, pág. 17.

CAPÍTULO 18

EL LEGADO

Un mes más tarde Steve estaba sentado ante su escritorio. Jill Stockton llegó para su cita de las dos de la tarde.

–Es tu culpa –dijo ella– estaba bien hasta que empezaste a hablar del espíritu.

–¿Cuál es el problema?

–Yo siempre he sido muy honesta. Trabajé muy duro en la universidad. Lo hice bien en la escuela de negocios. Mi carrera va bien. Soy una buena directora de finanzas.

–Una de las mejores –dijo él.

–Mi matrimonio está bien. Mis hijos son geniales. Entonces, ¿por qué me he empezado a preguntar en qué consiste la vida?

–Una llamada para que despiertes. De tu alma.

–¿Qué alma? Ni siquiera sé si tengo.

–Esa es la razón de la llamada para que despiertes. Solo encuentras tu alma viendo profundamente dentro de ti.

–¿Cómo?

–Escucha tu corazón.

–¿Qué significa eso?

–Tu corazón es tu centro espiritual. Es donde vive tu alma.

–¿Y qué se supone que me va a decir mi corazón?

–No te puedo decir lo que hay en tu corazón. Solo tú puedes hacerlo.

Steve sonrió al recordar su primer encuentro con María. Ella le había dicho lo mismo. Para todo había una estación, pensó, y un momento para cada propósito. Ahora era el momento de ayudar a alguien más en su viaje.

EPÍLOGO

EL ALMA EN EL TRABAJO

¿En el mundo real, hay líderes como María y Steve? ¿Hay lugares de trabajo que se toman en serio el alma y el espíritu? Desde luego, pero algunos tienen dudas. "Me gusta la idea de lugares de trabajo más espirituales e inspirados", nos dijo un lector holandés, "pero esta visión podría ser demasiado hermosa para este mundo cruel". Un lector de California comentó: "El libro describe a un líder con fuertes convicciones espirituales para dar y amar. Pero no tengo claro cómo un líder semejante puede sobrevivir en la dura realidad empresarial". No es de extrañar que surja el escepticismo. Las realidades empresariales a menudo son duras, y muchos ejecutivos todavía no ven más allá del resultado final. Sin embargo, hay una creciente lista de ejemplos que muestran que un renacimiento espiritual en el lugar de trabajo no solo es posible, sino que ya está ocurriendo.

Consideremos a Ari Weinzweig y Paul Saginaw, que fundaron Zingerman's Deli en Ann Arbor, Michigan, con el simple objetivo de servir los mejores sándwiches del mundo. Ellos hicieron eso y mucho más, pero no sin dificultad. De acuerdo con la historia relatada por Bo Burlingham, el éxito galopante de su tienda de delicatessen condujo a un debate importante entre los fundadores[1]. Saginaw quería

---

1. Burlingham, B.: *Small Giants: Companies That Choose to Be Great Instead of Big*, Nueva York, Portfolio, 2005.

expandirse geográficamente a nuevos lugares. Weinzweig dijo en forma contundente que él no quería "pasar el tiempo volando a Kansas City para ver algunas tiendas mediocres de Zingermans"[2]. Finalmente, encontraron un camino donde ambos podían estar de acuerdo: crear una serie de empresas locales, cada una con su propia identidad distintiva. Desarrollaron más de diez miembros de la "Comunidad de empresas Zingermans", todos con base en Ann Arbor. Entre ellos había una panadería, una tienda de golosinas, una cafetería, una lechería, una editorial, un sitio web minorista y una firma consultora. Mientras tanto, también se expandieron en el mundo no lucrativo, empezando con Food Gatherers, una organización local fundada por Paul Saginaw para aprovechar alimentos que de otro modo serían desechados y distribuirlos a las personas que los necesitaban. Esto condujo a una serie de otros emprendimientos sin fines de lucro, y Saginaw finalmente desempeñó la función de director ejecutivo espiritual, dedicando veinticinco horas semanales a las actividades comunitarias y no lucrativas. ¿Por qué? Según Saginaw, contribuir a la comunidad no es una actividad extracurricular, sino una de las principales razones por la que están en el negocio. "Es un placer", dijo. "Estar en la comunidad de ese modo es un placer. Usted no puede comprar la felicidad"[3].

¿El liderazgo espiritual también surte efecto en las empresas que no abastecen a los consumidores de más alto nivel en una opulenta ciudad universitaria? He aquí otro ejemplo, de la *Estrella* de Kansas City:

> Hace un par de años, el gerente de planta de Ford, Gerry Minor, empezó a mantener reuniones de liderazgo los días viernes, para compartir información y conocimientos sobre gestión. Todos los asistentes en la planta son bienvenidos. Las reuniones periódicas incluyen una presentación de "visión

---

2. Burlingham, B.: *Small Giants* (op. cit. en nota anterior)
3. Burlingham, B.: *Small Giants* (op. cit. en nota 1).

para los negocios" donde se comparte información financiera o comercial. Por ejemplo, la sesión de la semana pasada destacó la característica financiera de la planta, que emplea a 4.880 trabajadores por hora y a 342 asalariados.

Además, en la agenda hay discusiones sobre el material de lectura que asigna Minor. La semana pasada la conversación se centró en *Liderazgo con alma*, una alegoría sobre la búsqueda de significado en la vida y el trabajo, escrita por Lee Bolman y Terry Deal.

Joe Williams, un analista financiero que pasó 11 años en la cadena de montaje antes de obtener un título universitario y pasar a la oficina financiera de la planta, usó un esmoquin como maestro de ceremonias en la presentación del libro.

"Queríamos divertirnos", dijo Williams a los críticos, que eran los supervisores de primera línea y los gerentes de planta de nivel medio. Ellos leyeron el libro y compartieron sus reacciones, intercalándolas con las secuencias de "Sister Act" (en la Argentina fue estrenada como "Cambio de hábito" y la protagonizó Whoopi Goldberg), que muestran la transformación gradual de un coro deprimente en un grupo agradable de ejecutantes. Cuando Minor convocó a las primeras reuniones de los viernes por la tarde, los asistentes permanecían en silencio y acudían principalmente para observar. A través de los meses, el compromiso del personal fue en aumento, y las inhibiciones desaparecieron.

"Hemos visto el poder de la emoción compartida, de crear un espíritu común", dijo Minor después de la presentación del grupo. A Minor no le habría importado si el espíritu compartido hubiera sido su legado a la planta, que durante su gestión llegó a ser la fábrica de más alto volumen de Ford[4].

Usted podría pensar que una vieja planta de Ford en Claycomo, Missouri, sería el último lugar en el mundo para poner el *Liderazgo con alma* en su lista de lecturas. Sin embargo, este tipo de enfoque poco ortodoxo ayudó a Claycomo a convertirse en una de las plantas automotrices más grandes y exitosas en el mundo. Este no es un

4. Stafford, D.: "Energy, Emotion and Auto Plant". *Kansas City Star*, 9 de febrero de 2000, págs. C-1 y C-4.

ejemplo aislado. Desde que *Liderazgo con alma* fue publicado por primera vez, hemos recibido llamadas y cartas de personas de todo el mundo que se reúnen con los compañeros de trabajo para explorar las implicaciones del libro en sus propias organizaciones. Entre ellas había un hotel en Yakarta, una compañía petrolera en Texas, una ONG en Michigan, y una compañía de productos para el consumidor en Japón.

También nos hemos sentido gratificados por el enorme interés en las cuestiones espirituales, que hemos encontrado en los distritos escolares de todos los Estados Unidos. Un ejemplo fascinante es el de Lawndale, en California. El distrito escolar Lawndale podría parecer un candidato improbable para un renacimiento espiritual. Es un pueblo pobre situado al sur del aeropuerto de Los Ángeles, donde el 91 por ciento de sus estudiantes pertenecen a las minorías, el 84 por ciento recibe almuerzos gratis o de coste reducido, y el 20 por ciento es transitorio. Para hacer las cosas aún más difíciles, el personal del distrito es mayoritariamente blanco.

Hace algunos años, el superintendente, Dr. Joe Condon, y una de las directoras del distrito, Dorinda Dee, se reunieron después de las vacaciones de verano. Cada uno de ellos escogió un libro para recomendar al otro, y se sorprendieron al comprobar que sus recomendaciones eran idénticas: *Liderazgo con alma*. Enseguida, el superintendente compró un ejemplar para cada uno de los directores del sistema. El equipo de liderazgo lo usó como una base para una serie de discusiones.

La primera parte de la discusión de los grupos se centró en los viajes personales. "El libro llegó a ser una herramienta para observarnos a nosotros mismos y cómo podríamos conectarnos más estrechamente con nuestras vidas en el trabajo. Comprendimos que cuando uno utiliza su alma advierte que tiene dones personales para compartir, y luego puede ofrecerlos a la comunidad más amplia". Las ideas empezaron a transmitirse del equipo de liderazgo a la cultura de Lawndale. Algunas de las discusiones fueron entre dos personas otras en pequeños grupos. Los maestros se comprometieron especialmente en las discusiones. "Los educadores tienen cuestiones vitales que abordan cuando enseñan. Si un maestro no las aborda, no puede ayudar a los otros. Las personas aprendieron que tienen que hacerse cargo de sí mismas para realizar un buen trabajo. El verdadero significado de liderar con el alma es que consiste en enseñar. María fue la maestra de Steve". Poco antes de su retiro, el superintendente resumió el nuevo espíritu de Lawndale: "En mi informe anual al consejo escolar no se mencionaron en ningún momento los objetivos ni los resultados de los exámenes. Nos concentramos en lo que las personas estaban aportando al grupo. Esto tuvo una influencia mucho más profunda que el trabajo. Abordó la esencia de quiénes somos. Tenemos que abordar eso antes de empezar a trabajar"[5].

A Condon le sucedió la Dra. Ellen Douherty en 2009, pero el énfasis en la dedicación y el alma persiste. Ella dijo: "Esta es nuestra manera de equilibrar todos los aspectos de la vida: la dedicación, la autoría y el poder dan un sentido a lo que hacemos. Trabajar es vivir, y vivir es trabajar".

Poner el alma en el trabajo no solo es un fenómeno norteamericano. Los ejemplos están proliferando en todo el mundo. Nuestro colega Philips Mirvis tuvo la amabilidad de compartir sus experiencias en el trabajo con una compañía fascinante de los Países Bajos:

Cuando a fines de 1995 Tex Gunning se hizo cargo de Van den Bergh Foods, una subsidiaria holandesa de Unilever, tomó todas las medidas apropiadas: realizó un análisis de los problemas y oportunidades actuales, inició un audaz programa de cambio para mejorar el deslucido rendimiento de la

5. Condon, J., Dee, D. y Noyes, F.: Comunicaciones personales, setiembre de 2000.

empresa y lanzó nuevos productos exitosos. Pero algo estaba faltando. En una reunión de la gerencia a fines de 1997, los participantes coincidieron en que la compañía era eficaz pero carecía de "corazón". Su aspiración era reconectarse profundamente –de un modo intelectual y emocional– entre ellos y con los clientes.

Mientras trabajaba conmigo y con un equipo de facilitadores de la Fundación para el Desarrollo de la Comunidad, Tex condujo una serie de reuniones externas con aproximadamente 200 líderes de todos los niveles empresariales. En 1998, todos los participantes montaron en bicicletas y acamparon juntos en el bosque de Ardennes en Bélgica. En un antiguo monasterio, Tex compartió sus vivencias emocionales, una historia de experiencias con altibajos desde la infancia hasta el presente. Luego los líderes compartieron sus propias historias con dos o tres colegas. En los dos días siguientes, se reunieron en momentos de reflexión y diálogos abiertos acerca de su trabajo y la empresa. Se estableció un compromiso colectivo de ser mutuamente "auténticos", escuchar profundamente y "abordar las cuestiones difíciles".

Como una continuación del proceso, los 200 líderes participaron en una conferencia de aprendizaje empresarial con sus 2.400 empleados, que también compartieron sus historias de vida y hablaron de sí mismos y de su trabajo. Un gerente resumió el impacto: "Para mí esto representó un cambio importante... los líderes y luego todo el personal de Van den Bergh mostraron algo personal acerca de sí mismos. El ejemplo reveló que somos más que individuos que 'trabajan' en la compañía. La persona en su 'totalidad' es bienvenida".

El puesto siguiente de Gunning fue como presidente del grupo alimentos de Unilever en Asia. Estaba seguro de poder cumplir su misión de desarrollar la empresa, pero vio que debía hacer algo aún más difícil e importante: salvar las vidas de los niños de toda Asia que estaban muriendo a causa de las deficiencias sanitarias y alimenticias. Como escribió Gunning:

Los buenos líderes se hacen cargo de sí mismos, de sus familias y algunos de la comunidad. Los grandes líderes –y las grandes compañías– no solo se hacen cargo de esas partes interesadas, sino que también desean cambiar el mundo. Necesitan dejar el mundo mejor que como lo encontraron. Tratamos de que nuestro propósito empresarial llegue a ser un propósito misionero, que mejore las vidas de los asiáticos con problemas de salud, nutricionales o de bienestar[6].

En 2004, el consejero delegado de Unilever, Patrick Cescau, designó a Gunning como jefe de una comisión de investigación para examinar el enfoque global de la compañía con respecto a la responsabilidad social de la empresa. La misión empresarial de Unilever requería añadir "vitalidad al responder a las necesidades cotidianas de nutrición, higiene y cuidado personal, que ayudan a las personas a sentirse bien, tener buen aspecto y conseguir más de la vida"[7]. La comisión de Gunning propuso integrar la responsabilidad social dentro de la misión de vitalidad y reunir todas las marcas de Unilever en un compromiso expandido para añadir vitalidad a la sociedad. Con más de 400 marcas, 160.000 empleados e ingresos superiores a los 50.000 millones de dólares en 2009, Unilever había llegado a ser una de las más grandes compañías de productos para el consumidor en todo el mundo. Para bien o para mal, su responsabilidad social y su influencia potencial eran enormes. La compañía concluyó que, en el largo plazo, el éxito empresarial y el impacto social tenían que marchar de acuerdo. Con el firme respaldo del consejero delegado, Unilever creó una estructura unificada de Responsabilidad Social de la Empresa, e introdujo los criterios sociales y ambientales en el proceso de desarrollo de la marca, creando "una

6. Gunning, T.: "I Have No Choice: An Interview with Tex Gunning". *EnlightenNext Magazine,* marzo-mayo de 2005. Véase en línea en www.enlightennext.org/magazine/j28/gunning.asp.
7. Googins, B. K., Mirvis, P. H. y Rochlin, S. A.: *Beyond Good Company: Next Generation Corporate Citizenship,* Nueva York, Palgrave/Macmillan, págs. 53-54.

propuesta de valor que aportaba al mercado un nuevo modelo de responsabilidad social"[8].

Estos son solo algunos ejemplos de individuos y organizaciones que desarrollan sus propios enfoques distintivos para liderar con el alma. En muchos de estos esfuerzos vemos líderes que ofrecen sus versiones únicas de los cuatro dones analizados en el libro: autoría, amor, poder y significación.

El don de la autoría

Para Ray Anderson, el consejero delegado fundador de Interface Carpet, la revelación llegó a mediados de la década de los noventa después de haber leído el influyente ensayo *Ecology of Commerce*, de Paul Hawkens[9]. Cuando terminó de leer el libro, Anderson llegó a la incómoda conclusión de que él y su empresa eran criminales ambientales, que participaban en un ciclo insostenible de extracción, fabricación y despilfarro. Tomó la importante decisión de crear una comisión investigadora y encargarle buscar maneras de reinventar la compañía para hacerla ambientalmente sostenible. Muchas personas dentro y fuera de la organización pensaron que Anderson era un ingenuo o un loco, pero él estaba convencido de que el modelo empresarial de la compañía era defectuoso: "convertir los productos petroquímicos en alfombras que duraban diez años y luego permanecían veinte mil años en los vertederos". La iniciativa evolucionó hacia la "Misión Cero": el objetivo de eliminar cualquier impacto negativo en el medio ambiente para 2020. Los incrédulos se preguntaban si el proyecto no se

---

8. Googins, Mirvis y Rochlin: *Beyond Good Company* (op. cit. en nota anterior), pág. 54.
9. Hawken, P.: *The Ecology of Commerce: A Declaration of Sustainability*, Nueva York, HarperBusiness, 1994.

basaba en una desviación romántica hacia la ruina financiera, pero la confianza de Anderson dio resultado:

> Para los accionistas, los costes son bajos, no suben, lo cual desmiente el mito, y expone la falsa opción entre medio ambiente y economía. Los productos son mejores que nunca, ya que el diseño para la sostenibilidad ha demostrado ser una fuente de innovación. Las personas están unidas en torno a un propósito compartido más elevado, y la buena voluntad del mercado es asombrosa. Ningún marketing ingenioso, a ningún coste, podría haber creado tanto[10].

Una clave para el éxito de la iniciativa de sostenibilidad fue la autoría ampliamente compartida. En esta tarea inicial de la comisión de sostenibilidad, Anderson proporcionó un amplio objetivo para lograr la sostenibilidad, pero dejó que el grupo imaginara cuándo y cómo hacerlo. Anderson decidió "transferir la estrategia de sostenibilidad de él mismo, como visionario, a su audiencia, los que iban a implementarla. Recurrió a los empleados, los proveedores, los accionistas e incluso a los clientes para las ideas, las soluciones y el apoyo necesarios, en lugar de elegir un curso de acción para sí mismo y dirigir a los otros"[11]. Los resultados fueron impresionantes; el cambio empezó a brotar en todas partes. Los gerentes de planta encontraron maneras de reutilizar el material sobrante que antes se desechaba. El equipo de ventas dio con una idea original y poderosa: en lugar de vender las alfombras podían alquilarlas y recuperarlas al final de su ciclo, de tal modo que los materiales pudieran ser reutilizados. Así, Interface Carpet encontró mejores métodos para reducir las pérdidas, mientras el personal de toda

10. Anderson, R.: "Corporate Balancing Act: How Business Can Bolster Profits While Protecting the Environment", *Washington Post*, 28 de enero de 2010. Véase en línea en http://voices.washingtonpost.com/shortstack/2010/01/corporate_balancing_act_how_bu.html. (Consultado el 14 de febrero de 2011.)
11. Arena, C.: *Cause for Success: 10 Companies That Put Profits Second and Came in First*, Novato, California, New World Library, 2004.

la organización se concentraba en salvar al planeta en lugar de bajar los costes.

Las aulas universitarias son a menudo lugares donde el profesor da órdenes que los estudiantes deben seguir obedientemente. "Haga lo que se le ha dicho, trabaje con empeño, y su premio será una buena calificación". Esto resulta a menudo en tareas que los estudiantes detestan hacer y sus instructores aborrecen calificar. Pero un profesor descubrió que sucedían cosas sorprendentes cuando intentaba ofrecer la autoría a un grupo de estudiantes inscriptos en un seminario superior:

Año tras año, he dado a los estudiantes instrucciones específicas para las tareas que les he pedido hacer. Ellos cumplían y yo sentía que tenía un control completo. Pero nunca parecían realmente entusiasmados con lo que estaban haciendo. Y yo pocas veces estaba muy impresionado con lo que habían hecho. *Liderazgo con alma* ofrecía una nueva posibilidad: ¿por qué no darles una oportunidad para crear algo por su cuenta? Por lo tanto, en lugar de darles una tarea específica, les di una tarea algo amorfa: un ensayo reflexivo. Pero, a medida que pasaba el tiempo, me sentía frustrado con los resultados. Nadie parecía estar haciendo algo. Cuando estaba por terminar el semestre me sentía cada vez más decepcionado. En la última clase, decidí dar rienda suelta a mi frustración. Los estudiantes habían sacado provecho de mi don y yo quería que ellos supieran que me sentía defraudado.

Cuando estaba a punto de soltar mi diatriba, uno de los estudiantes levantó su mano y preguntó cuándo podrían compartir sus proyectos de crecimiento personal. Le dije que yo no les había asignado un proyecto de crecimiento personal. El alumno dijo que la clase se había reunido y que habían tratado de imaginar qué significaba realmente mi ensayo reflexivo. Luego compartieron lo que habían hecho.

Yo estaba completamente impresionado por su tarea: arte, poesía y otros intentos de captar la esencia del liderazgo. Un estudiante comentó que había aprendido que el liderazgo concernía tanto a la reflexión como a la acción. Su proyecto personal era crear y desarrollar una plataforma donde los estudiantes pudieran sentarse y reflexionar porque había observado que en el campus no había un lugar semejante. La plataforma es ahora un lugar popular donde los estudiantes pueden sentarse y reflexionar sobre el significado de la vida. Otra estudiante estaba molesta porque se había abandonado una tradición de la universidad. Cuando su madre se graduó, los estudiantes recibían un bulbo de lirio como símbolo de que su conocimiento seguiría creciendo. El bulbo de su madre finalmente se convirtió en un gran macizo de flores, que era una fuente de orgullo para la familia. De acuerdo con su proyecto de crecimiento personal, la estudiante pidió a algunos graduados ricos de la universidad que hicieran donaciones para hacer posible que cada uno de los estudiantes recibiera un lirio durante la entrega de diplomas. Sus esfuerzos llegaron a ser parte de un artículo de primera plana en el periódico de la Universidad. Cuando esa noticia llegó a la comisión de distribución de diplomas de la facultad se solicitó su comparecencia. Su plan contradecía una regla de la universidad que prohibía cualquier tipo de ornamento en la graduación. Pero ella estaba decidida y dispuesta a correr el riesgo de una sanción, si podía llevar a cabo su plan.

El día de la entrega de diplomas, los graduados fueron a recoger sus hermosos lirios azules. Durante su conferencia, el rector de la universidad habló sobre lo que había hecho la estudiante y leyó una carta de un ex alumno que se había sentido profundamente conmovido por la renovación de una vieja tradición. Mientras hablaba, todos los graduados levantaron las manos con sus lirios. El proyecto de crecimiento personal de la estudiante había surtido efecto. Más tarde, la estudiante me llamó y me preguntó si había aprendido bien la lección de su experiencia: "Como líder usted hace lo que piensa que es apropiado y está preparado para hacer el esfuerzo, de tal modo que las cosas ocurran". Estos son solo dos ejemplos de lo que puede proporcionar el don de la autoridad. Ni siquiera en mis sueños más delirantes habría podido imaginar lo que los estudiantes serían capaces de hacer, si se les daba la oportunidad.

La misma lección se aplica a los empleados, dondequiera que trabajen. Seguir las reglas y hacer lo que nos dicen es insignificante en comparación con lo que somos capaces de hacer cuando se nos da la oportunidad de poner la firma en nuestro trabajo. Ahora, cada vez más compañías lo tienen en cuenta: les dan a los empleados cierta libertad, los alientan a pensar y observan lo que son capaces de hacer por su cuenta sin la dirección de los superiores.

El don del amor

Si usted duda que el amor pueda tener un lugar en una corporación moderna, piense en Herb Kelleher, el singular fundador y consejero delegado emérito de Southwest Airlines. Cuando se le preguntaba qué hizo tan exitosa a la compañía, Kelleher siempre hablaba del personal, el humor, el amor y el alma. Incluso después de su retiro, seguía hablando abiertamente acerca del amor en Southwest Airlines. Sus aviones despegan de Love Field en Dallas; su símbolo en la bolsa de valores de Nueva York es LUV; el boletín de noticias del personal se llama *Luv Lines*; y su lema del vigésimo aniversario fue "20 años amándole"[12]. Como todos en la industria, Southwest experimentó una brusca caída después del 9/11, pero fue la única compañía en los Estados Unidos que no despidió a nadie. Todas las aerolíneas desearían igualar el éxito de Southwest, pero la mayoría no comprende cómo lo logró, ni cómo adoptar una cultura que produzca el menor movimiento de personal y la más alta satisfacción del cliente en la industria.

Muchos otros líderes y organizaciones de éxito adoptan una filosofía semejante a la de Kelleher. Etta Erickson, gerente de Healtheast, un grupo de hospitales en Minnesota, consideró el amor como una característica central en su organización. "En esta organización, hay una verdadera compasión, amor y relación; hay amistad, apoyo y confianza"[13].

---

12. Levering, P. y Moskowitz, M.: *The 100 Best Companies to Work for in America*, Nueva York, Plume, 1994, pág. 138.
13. Benefiel, M.: *Soul at Work: Spiritual Leadership in Organizations*, Nueva York, Seabury, 2005, pág. 24.

En la cultura de Healtheast, la frase "momentos de la verdad" se usa para describir los encuentros que permiten a los pacientes y sus familias tener una idea cabal de la calidad del servicio que presta la organización. Los empleados se recuerdan mutuamente que cada momento de la verdad tiene el potencial de llegar a ser "un momento de compasión"[14].

En 1980, Doris Christopher solicitó un préstamo de 3.000 dólares para iniciar un negocio de venta de utensilios de cocina en su hogar. Más de dos décadas después, ella vendió su muy exitoso Pampered Chef a Warren Buffett, quien lo describió como el tipo de negocio que le gustaba adquirir porque Christopher y su equipo de gestión "amaban claramente el negocio y a las personas con las que trabajaban"[15]. Desde el comienzo, Christopher destacó la labor de sus representantes de ventas, las "consultoras de cocina", que acudían a los hogares de la gente para hacer las demostraciones de los productos. Pero fue más lejos al expandir el concepto de amor más allá de su empresa. Muy preocupados porque millones de norteamericanos no comían lo suficiente, Christopher y Pampered Chef se asociaron en los años noventa con Second Harvest, la red más grande de bancos de alimentos en los Estados Unidos. La iniciativa de Pampered Chef, "redondear desde el corazón", empezó como un programa de vacaciones, pero finalmente se expandió a todo el año. Al alentar a los clientes a redondear sus compras, la compañía fue capaz de reunir miles de pequeñas donaciones en una sola donación de más de un millón de dólares anuales a Second Harvest[16].

---

14. Benefiel, M.: *Soul at Work* (op. cit. en nota anterior), pág. 24.
15. Lewis, M.: "Chef Executive", *Small Business Chicago*, noviembre de 2003. Véase en línea en www.sbnonline.com/Local/Article/5459/68/0/Chef_executive.aspx. (Consultado el 14 de febrero de 2011.)
16. Reagan, K.: "Industry with Heart: The Pampered Chef", *Direct Selling News. com*, junio de 2008. Véase en línea en http://test.directsellingnews.com/index.php/entries_archive_display/the_pampered_chef.

El don del poder

Hace falta tener fe en su personal para ver el empoderamiento como una fórmula para el éxito, pero los ejemplos de organizaciones que lo han logrado se están multiplicando. Usted puede verlo en muchas de las compañías que integran la lista anual de *Fortune* sobre los "100 mejores lugares para trabajar en América". El don del poder es esencial para la "gestión de libro abierto", inspirada particularmente por Jack Stack de Springfield Remanufacturing. Stack cuenta la convincente historia de la transformación de una compañía fabril moribunda en Missouri, que suministró a los empleados tanta información financiera como era posible para que empezaran a pensar y actuar como propietarios. La "ley fundamental" de Stack es que usted consigue el mayor rendimiento cuando apela al más alto nivel de pensamiento. Desde entonces, el éxito de esa filosofía ha sido repetido en muchas otras organizaciones[17].

Una cooperativa de propiedad del cliente, Recreational Equipment, Inc. (REI), ha crecido desde una tienda única en Seattle, en 1938, hasta convertirse en una poderosa empresa minorista con más de cien concesionarios. La fórmula del éxito puso énfasis en el empoderamiento de los empleados para hacerse cargo de los clientes. Los horarios flexibles, el trabajo a distancia, llevar su perro a la oficina y usar la vestimenta que usted desea son todos elementos que forman parte de la cultura de la empresa. Después de quince años en la compañía, usted obtiene un año sabático y, posteriormente, otro cada cinco años. Un especialista en ventas de REI comentó que la característica que distingue a la compañía de los otros lugares donde él ha trabajado es que "estoy autorizado a ser honesto con las personas que ayudo".

---

17. Stack, J.: *The Great Game of Business*, Nueva York, Currency/Doubleday, 1994. La información básica acerca del enfoque y los enlaces con recursos adicionales están disponibles en línea en www.greatgame.com.

Un ejemplo aún más impresionante de dar poder a los empleados se puede encontrar en el fabricante brasileño Semco[18]. Ricardo Semler se hizo cargo de la compañía después de la partida de su padre en la década de los ochenta, y se propuso transformar su cultura autocrática en una filosofía de gestión heterodoxa:

- La clave para la gestión es librarse de todos los gerentes.
- La clave para tener el trabajo hecho en la fecha prevista es dejar de usar un reloj.
- La mejor manera de invertir las ganancias empresariales es darlas a los empleados.
- El propósito del trabajo no es hacer dinero, sino conseguir que los empleados, ya sea los que hacen el trabajo duro como los altos ejecutivos, se sientan bien con la vida[19].

En Semco, los trabajadores contratan a los nuevos empleados, evalúan a los jefes y votan sobre las decisiones importantes. En una ocasión, los empleados votaron por la compra de una fábrica abandonada que Semler no quería adquirir, y luego la convirtieron en un éxito destacable. Los experimentos de Semco produjeron impresionantes beneficios en la productividad, y la compañía fue calificada repetidas veces como el mejor lugar para trabajar en Brasil. Incluso después que Semler ya no veía una necesidad de crecimiento para su compañía, esta creció de todos modos debido a los grupos de empleados innovadores que siguieron inventando nuevos negocios.

---

18. Killian, K., Pérez, F. y Siehl, C.: "Ricardo Semler y Semco, SA" Glendale, Arizona, Escuela Americana de Graduados de International Management, 1998; R. Semler, *Maverick: The Success Story Behind the World's Most Unusual Workplace*, Nueva York, Warner Books, 1993.
19. Semler, R., citado en Killian, Pérez y Siehl, 1998 (op. cit. en nota anterior), pág. 2.

Uno de los ejemplos más sutiles pero profundos de una organización que ha descubierto cómo usar el don del poder es Alcohólicos Anónimos (AA). El programa de AA en doce pasos ha logrado un extraordinario éxito en ayudar a los adictos a escapar de la dependencia del alcohol. Su énfasis en la espiritualidad ha surtido efecto donde el profesionalismo y la pericia han fracasado a menudo. Paradójicamente, AA da poder. El primero de los doce pasos pide a los adictos reconocer, "nosotros somos impotentes con el alcohol, y nuestras vidas han llegado a ser inmanejables". El segundo paso consiste en aceptar que hay un "poder superior a nosotros mismos" que podría devolvernos la salud. El tercer paso es dejar "nuestras voluntades y nuestras vidas en manos de Dios, como nosotros lo entendemos". El onceavo paso pide al adicto rezar "solamente para conocer Su voluntad y adquirir el poder para llevarla a cabo". El camino al poder, el único desde la perspectiva de Alcohólicos Anónimos, empieza con admitir la impotencia y ponerse en manos de un poder superior. Pero AA no espera que las personas encuentren y sigan este camino por su cuenta. Ellas aprenden de otros adictos recuperados. En AA, todos enseñan y todos aprenden. Cada individuo debe depender de un poder superior, pero cada uno es un medio para empoderar a los otros.

Las organizaciones modernas están reconociendo cada vez más el poder del mensaje básico de Alcohólicos Anónimos. Cuanto más intenten las personas hacerlo solas y depender únicamente de sí mismas, más impotentes serán. El camino al poder y el empoderamiento requiere que cada uno de nosotros reconozca su limitación y pida ayuda de las personas que le rodean.

El don de la significación

Muchos ejecutivos empresariales todavía se aferran a un mundo más simple en el cual el resultado final es lo único que realmente importa. Pero los líderes inteligentes y las compañías progresistas comprenden que el éxito a largo plazo requiere una visión más amplia de lo que es importante, lo cual incluye un mayor compromiso de las partes interesadas. Nike y su enigmático consejero delegado Paul Knight afrontaron este desafío a fines de los años noventa en medio de un aluvión de publicidad negativa acerca del "Gulag de las zapatillas". Las terribles condiciones laborales de casi todos los trabajadores asiáticos que producían la mayor parte del calzado deportivo de Nike perjudicaron a la marca y a la empresa. Después de que la negación y la defensa fracasaron, Nike comprendió que necesitaba usar su talento creativo en su cadena de suministro. Trató de promover las prácticas responsables, desde las fábricas en Asia hasta los minoristas en los Estados Unidos. Procuró mejorar las condiciones tanto en sus plantas como en las comunidades del entorno. Promovió una alianza global para mejorar la educación y la salud de los trabajadores de Asia, y lanzó sus propios programas de educación en China[20]. Además, tomó medidas para controlar el impacto ambiental de todos sus productos. Mark Parker, el consejero delegado desde 2006, ha llegado a ser uno de los promotores empresariales más visibles de la sostenibilidad.

Al reflexionar sobre una historia que incluía altibajos, IBM comprendió que "había sido más exitosa cuando sus valores eran sólidos y sus empleados actuaban de acuerdo con ellos"[21]. En 2003, el consejero delegado de IBM, Sam Palmisano inició la campaña en línea "ValuesJam" que comprometía a casi toda la compañía en un debate y redefinición de los valores fundamentales. "Esta revisión de los valores duró setenta y dos horas y ha sido descrita diversamente como 'irresponsable', 'apasionada' y 'brutalmente

---

20. Googins, Mirvis y Rochlin: *Beyond Good Company* (op. cit. en nota 7).
21. Googins, Mirvis y Rochlin: *Beyond Good Company* (op. cit. en nota 7), pág. 119.

honesta'. Los participantes debatieron si los valores de la compañía existían y cómo serían establecidos. Conversaron acerca de los valores que necesitaba IBM para tener éxito, y la contribución que la firma podía hacer al mundo en un espacio virtual dedicado al pensamiento positivo. Además, hablaron de todos los aspectos que los hacían sentir orgullosos cuando la compañía estaba en su mejor momento"[22]. De la conversación surgieron tres valores fundamentales: la dedicación al éxito de los clientes, la innovación que le interesa a la compañía y al mundo, y la confianza y responsabilidad personal en todas las relaciones.

Como muchas organizaciones exitosas, Medtronic, una empresa de prestaciones médicas ve más allá del resultado final para centrarse en su misión más profunda. Esa misión da un significado a todo lo que hace el personal de Medtronic. En su interesante libro, *El liderazgo consciente,* nuestro colega Debashis Chaterjee, cita a Bill George, el director ejecutivo de Medtronic, en relación con los fundamentos espirituales de la firma:

> Medtronic fue fundada por un líder espiritual llamado Earl Bakken. Earl todavía es el líder espiritual y el "alma" de la compañía, a pesar del hecho de haberse jubilado hace cuatro años.
>
> La misión que él escribió hace treinta años, no ha cambiado ni una sola palabra. Establece que Medtronic restituya al personal la plenitud de la vida y de la salud. Nuestros 9.000 empleados están totalmente dedicados a esa misión, independientemente de dónde trabajen: la fábrica, el departamento contable, o el hospital. ¿Cuáles son esos valores? En primer lugar, asegurar la salud del personal, servir a nuestros clientes con productos y servicios de calidad insuperable, reconocer el valor personal de los empleados, conseguir un beneficio justo, retribuir a nuestros accionistas, y asumir una responsabilidad social como compañía... Los resultados de los últimos trein-

---

22. Googins, Mirvis y Rochlin: *Beyond Good Company* (op. cit. en nota 7), pág. 119.

ta años, o de los últimos ocho, parecen validar este enfoque: los 1.000 dólares invertidos en las acciones de Medtronic, en 1960, hoy tienen un valor de 1.650.000 dólares. En Medtronic no mezclamos la religión con los negocios, pero tampoco eludimos el aspecto espiritual de nuestro trabajo y el significado más profundo de nuestra misión de salvar vidas[23].

La significación puede ser relativamente fácil de definir en el sector de las prestaciones médicas, ¿pero qué pasa si su trabajo es menos glamoroso? Ya hemos explicado de qué modo la misión de la sostenibilidad da un nuevo significado e inspiración a todo el personal de Interface Carpet, y de qué modo Tex Gunning y sus colegas en la empresa de alimentos de Unilever Asia desarrollan un significado en torno a la misión de desarrollar mejores maneras de alimentar a los niños pobres. ¿Qué pasa con una empresa basada en la cría de ganado vacuno? Gary Hirshberg empezó en 1983 con un pequeño rebaño de siete vacas, un ruinoso granero en Vermont, una receta de yogur y el sueño de salvar el planeta. Al principio, la empresa parecía estar condenada al fracaso o la bancarrota, pero finalmente se convirtió en la marca líder de yogur orgánico, Stonyfield Farms. La fórmula para el éxito, como la describió Christine Arena en su libro *Cause for Success*, consistía en un propósito más amplio:

> Stonyfield no es solo una compañía que vende yogur. También promueve el optimismo sobre cómo se usa y produce el alimento y el significado del activismo empresarial acerca del futuro. La esperanza es el valor fundamental de la compañía, y a través del conjunto de sus actividades traduce este valor en enfoques comerciales eficaces que mejoran la salud pública, aseguran la prosperidad del ganadero y disminuyen el calentamiento global[24].

23. Chatterjee, D.: *El liderazgo consciente: un peregrinaje hacia el autocontrol*, Buenos Aires, Ediciones Granica, 2007.
24. Arena, C.: *Cause for Success* (op. cit. en nota 11), pág. 51.

187

Conclusión

En el comercio y en otras partes, hay un número creciente de ejemplos de organizaciones que exploran el alma y el espíritu para crear vínculos, despertar pasiones y dar un significado al trabajo. Las organizaciones están encontrando maneras originales y creativas de ofrecer dones, como la autoría, el poder, el amor y la significación.

A veces, todo lo que se requiere es la dedicación de una persona. Nuestro amigo John Jacobson compartió un simple pero poderoso ejemplo:

> Cuando yo era director, una niña de primer grado, Cheryl, perdió a su madre a causa de un cáncer. Mientras ella afrontaba la trágica pérdida, empezó a escribir como una fuente de consuelo y un desahogo para sus sentimientos y emociones. Cuando terminó de escribir, el maestro le preguntó si deseaba compartir sus escritos con la clase. En esta aula de primer grado, compartir los escritos era algo cotidiano al final del taller de escritura. Durante este momento compartido, generalmente el niño se sentaba en la silla del autor al frente de la clase con los demás niños reunidos alrededor sobre la alfombra. En este día particular el maestro, que comprendía los sentimientos de Cheryl, le preguntó si quería sentarse sobre su regazo. Mientras Cheryl compartía sus pensamientos con la clase, segura en el regazo de su maestro, los demás se conmovieron y se estableció un vínculo espiritual.

Los cuatro dones fueron intercambiados en un simple encuentro. ¿Qué mejor manera de experimentar la autoría que sentarse en la silla del autor y compartir sus propios escritos? El ofrecimiento de sentarse sobre el regazo del maestro ejemplifica las posibilidades del amor, que a menudo pasamos por alto en la vida diaria. Además, escribir sobre los sentimientos y experiencias personales y compartirlos con amigos, es una poderosa manera de encontrar un significado. A esta niña le ayudaron a ejercer cierto poder sobre los demonios que la estaban acosando.

Las posibilidades están todas a nuestro alcance si las buscamos. A veces, todo lo que se requiere es un simple gesto. Otras veces se requerirá toda la pasión, coraje y dedicación que podamos reunir. Pero los ejemplos discutidos en este capítulo sugieren que las gratificaciones son grandes.

"Yo uso las cadenas que he forjado en la vida", dice el fantasma de Marley en *A Christmas Carol* de Charles Dickens. Cada uno de nosotros construye su legado, su contribución a la humanidad. Aunque quizá no lo admitimos, muchos vivimos como si fuéramos a ser recordados por el tamaño de una casa, la marca de un automóvil o el nivel alcanzado en una jerarquía empresarial. No es de extrañar que muchas personas exitosas, como Steve Camden en nuestra historia, se topen con un muro y se pregunten qué ha ocurrido con el significado y el entusiasmo en sus vidas. El mundo apenas lamentará y es probable que ni recuerde por mucho tiempo a aquellos cuyo principal logro en la vida ha sido el confort material o ensalzar exclusivamente su propia imagen.

El mensaje de este libro es simple. El viaje de su vida es una oportunidad para profundizar su fe, desarrollar sus dones y mejorar su contribución a lo que el mundo llega a ser. En el funeral de María (en el Capítulo 17), Steve Camden lee una descripción poética de tres compañeros, escrita por Muhammad Rumi. El primero, apegado a sus posesiones, ni siquiera sale de su casa cuando usted está en peligro o dificultades. El segundo, su buen amigo, vendrá al funeral, pero no irá más lejos. Solamente el tercero, dedicado a su trabajo –todo lo que usted hace para ofrecer sus dones a los otros– va más allá de esta vida "hasta la tumba, para ayudar". El consejo de Rumi es sensato: busque un refugio profundo con ese compañero de antemano. David Batstone capta el problema inmediato: "En este momento, la corporación necesita imperiosamente líderes –no personas con títulos, sino verdaderos líderes en cada

nivel de la jerarquía empresarial– para vivir con el alma…
Sin embargo, yo me inclino a creer que para la mayoría de
las personas, el único camino es descubrir la verdad acerca de sí mismas. Una vez que empiezan a vivir de acuerdo
con ese descubrimiento, pueden inspirar a todos los que
las rodean"[25].

---

25. Batstone, D.: *Saving the Corporate Soul and (Who Knows?) Maybe Your Own*, San
Francisco, Jossey-Bass, 2003, págs. 243-244.

CONTINUACIÓN DE UN DIÁLOGO INSPIRADO

En las primeras ediciones de *Liderazgo con alma*, invitamos a los lectores a compartir sus experiencias de integrar el alma en sus vidas, en el trabajo y en el hogar. Agradecemos a las numerosas personas que respondieron y compartieron relatos de los viajes de su vida. Las cartas vinieron de todo el mundo y de diferentes sectores económicos. Las respuestas fueron abundantes, conmovedoras y variadas. Muchos lectores plantearon preguntas provocadoras que no habíamos considerado cuando escribimos el libro. Aquí compartimos algunas preguntas de los lectores y ofrecemos respuestas extraídas de nuestra experiencia y de muchas historias que los lectores nos han relatado.

Empezamos con las preguntas acerca del libro en sí mismo. ¿Por qué lo escribimos, y cuáles eran nuestras esperanzas con ello? Luego consideramos algunas preguntas de orientación, específicas y personales. Éstas a menudo han revestido la forma de, "Desde luego, esto parece bueno, ¿pero cómo lo aplico en la realidad?" Finalmente, discutimos algunas preguntas que van más allá de la espiritualidad personal para centrarse en las cuestiones del desarrollo espiritual en el mundo más amplio: ¿Qué sucede ahora, y qué podría ocurrir en el futuro?

Preguntas acerca del libro

¿Por qué ustedes escribieron sobre el espíritu y el alma?
Escribimos el libro para nuestros lectores y para nosotros mismos. Nuestra esperanza era animar a los lectores en su búsqueda de significado y fe. Pero también escribimos para nosotros mismos porque era lo que necesitábamos hacer, aun cuando no sabíamos cuándo empezar. El proceso nos embarcó en un viaje individual que se ha entrelazado y desviado en varias ocasiones a través de las últimas décadas. Hemos aprendido mucho el uno del otro, y de la búsqueda y reflexión personal, que eran aspectos integrales de nuestro proceso de escritura.

¿Desde el principio, ustedes escogieron conscientemente a María como la guía espiritual?
María evolucionó a medida que escribíamos el libro. Ella empezó como un ermitaño anónimo de barba blanca. Pero nuestro ermitaño no parecía estar a la altura de la tarea: le faltaba cordialidad y corazón. María fue adquiriendo forma gradualmente, y evolucionó hasta convertirse en una persona más completa, a medida que se desarrollaba la historia. Adán y Eva, Marte y Venus existen en todos nosotros. Esto ayuda a explicar por qué necesitábamos que nuestra guía espiritual fuera una mujer, mientras que Susan Trott, en su extraordinario y fascinante libro *The Holy Man*, eligió a un hombre como su personaje de la obra.[1] María hizo que nuestra historia surtiera efecto y nos ayudó a explorar los aspectos femeninos y masculinos en nosotros mismos.

¿Qué hace que liderar con el alma y el espíritu sea diferente de otras perspectivas de liderazgo, que ponen énfasis en la compasión, la colaboración y la ética?
Esto nos remite a la diferencia entre preguntar "¿Qué surte efecto?" y "¿Qué importa?" La tensión entre las dos

---

1. Trott, S.: *The Holy Man*, Nueva York, Riverhead, 1995.

preguntas se ilustra muy bien en "La Parábola del sadhu" de Bowen McCoy, donde éste relata una experiencia durante una excursión de altitud en el Himalaya.[2] A medida que se aproximaban al punto más alto de un ascenso fatigoso de muchos días, él y su compañero de excursión se encontraron con un peregrino, un sadhu, ligeramente vestido que parecía estar muriéndose de frío. La cuestión era qué hacer. El grupo tenía el tiempo limitado para cruzar un paso de 5.500 metros; estaban luchando contra los elementos y el mal de altura. Las consideraciones prácticas les sugerían seguir caminando. Eso fue lo que hicieron, después de proporcionarle al sadhu alguna prenda adicional y comida. Pero estaban continuamente intranquilos por la elección que habían hecho, y nunca supieron si el sadhu vivía o había muerto. ¿Habían sacrificado la ética por el interés propio? ¿Habían puesto los objetivos a corto plazo por encima del alma y el espíritu?

Hemos seleccionado los dones de la autoridad, el amor, el poder y la significación del liderazgo en parte porque surten efecto: producen mejores resultados y una fuerza laboral más motivada y comprometida. La cuestión práctica de lo que surte efecto es esencial. Nuestra competencia y conocimiento determinan si hacemos las cosas bien o mal, si las hacemos mejor o peor. Este tema es central en gran parte de lo que hemos escrito, tanto antes como después de *Liderazgo con alma*. Pero tan importante como saber de qué modo hacer bien las cosas es la cuestión más profunda de qué vale la pena hacer. Un camino espiritual implica problemas fundamentales como los resumidos tan bien en el poema de Rumi que inicia este libro: ¿De dónde he venido? ¿Qué debo hacer aquí? ¿Cuál es el significado y propósito de mi vida? ¿Cuál es mi destino? Al elegir explorar estos interrogantes y emprender un viaje espiritual, fortalecemos la fe, profundizamos el alma y desarrollamos el espíritu.

---

2. McCoy, B.: "The Parable of the Sadhu" [La parábola del sadhu], *Harvard Business Review*, setiembre-octubre de 1983, pág. 103.

Cuando pienso en palabras como alma, espíritu y fe, generalmente las asocio con la teología y la doctrina religiosa. ¿Puedo liderar con el alma y emprender un viaje espiritual que incluya perspectivas y objetivos seculares?

Si bien es cierto que los libros sobre espiritualidad a menudo hablan de una tradición religiosa específica, ése no es nuestro propósito. La palabra religión implica a un grupo particular de personas unidas por una visión de lo divino, expresada a través de creencias compartidas, instituciones, rituales y reliquias. Cada religión ofrece dones especiales, basados en su tradición espiritual única. La religión a menudo es un camino a la espiritualidad, pero no es el único camino.

El gerente de nuestra historia, Steve Camden, reconoce desde el principio que sería discordante y contraproducente depender de una religión particular como un vehículo para introducir la espiritualidad en su organización. En un mundo multicultural, las organizaciones deben tener en cuenta a las personas de diferentes religiones, y no de una única fe. El reto que él y otros líderes afrontan es encontrar un lenguaje y crear una conversación incluyente en la que participen las personas de muchas perspectivas diferentes. Esto a menudo es desafiante, como se ilustra de muchas maneras diferentes en la reacción de las personas a la simple palabra Dios. Algunas no pueden imaginar una conversación sobre la espiritualidad sin Dios en el centro. Otras se retraen ante la "palabra Dios". Algunos lectores nos han dicho que les decepcionó el hecho de que *Liderazgo con alma* no pusiera a Jesucristo en el centro de su mensaje. Nosotros queremos hablar a los cristianos, y hemos aprendido de los autores que han ofrecido interpretaciones cristianas de la espiritualidad en el trabajo.[3]

---

3. Los ejemplos de obras que aportan una perspectiva cristiana incluyen: Jones, L. B.: *Jesus, CEO: Using Ancient Wisdom for Visionary Leadership*, Nueva York, Hyperion, 1996; R. Marshall: *God@Work*, Racine, Wisconsin, Treasures Media, 2006; G. F. Pierce: *Spirituality at Work: 10 Ways to Balance Your Life on the Job*,

Pero la nuestra es una caravana diversa e incluyente, e invitamos a los buscadores espirituales de todos los credos y convicciones a unirse a nosotros en la búsqueda de fe, significación, y algo más grande.

¿Me gustó el libro, pero me hará cambiar? ¿Cómo se supone que lo hará?

Algunos lectores nos han dicho que el libro los cambió profundamente. Otros se sintieron decepcionados, porque esperaban algo impresionante que no ha sucedido. La variedad de las respuestas individuales nos ha convencido de que el lector, y no el libro, es el verdadero autor del cambio. Sus respuestas a *Liderazgo con alma* son los indicios para comprender dónde se encuentra en su propio viaje espiritual. Para algunos lectores, el libro es un catalizador que los guía en una nueva dirección. Uno de ellos escribió: "Soy ingeniero. Dos más dos es igual a cuatro; los hechos son hechos. El otro día mi mujer se enfrascó en este libro. Cuando se fue a la cocina, lo abrí y empecé a leerlo. Entonces descubrí algo que me impactó y que he estado perdiendo en mi vida. Ahora estoy buscando algo más grande".

Para otros lectores, *Liderazgo con alma* ha servido como una guía o mapa para reavivar el alma y el espíritu en las relaciones. Muchas personas informan haber descubierto maneras de hacer los viajes individuales menos solitarios y compartir las búsquedas de un modo más gratificante. Más de una pareja nos ha dicho que su lectura conjunta del libro les permitió iniciar un diálogo que fortaleció o incluso salvó su matrimonio.

Para otros más, el libro ha confirmado un camino sobre el que ellos han transitado durante algún tiempo. Como escribió un lector de Iowa: "Pensaba que estaba en la senda correcta, pero me sentía terriblemente solo y asustado. Con Steve y María como mis compañeros, adquirí nuevas

Chicago, Loyola, 2005; M. L. Russell: *Our Souls at Work*, Boise, Idaho, Rusell Media, 2010.

fuerzas y coraje para seguir adelante". Un profesor de arte escribió: "Un instructor me dio un ejemplar de *Liderazgo con alma* para leer. No tengo idea de cuál fue la fibra sensible que tocó en mí, pero me siento bien. Como un hombre afronorteamericano de 27 años me sentía perdido en esta sociedad. El libro de ustedes me ha desafiado a empezar donde pocos lo hacemos… con nuestras almas".

Muchos lectores dijeron que les habían obsequiado *Liderazgo con alma* a colegas, amigos y seres queridos, con la esperanza de que pudiera servirles como les sirvió a ellos. A veces ese regalo a sido inspirador. Un estudiante universitario escribió que su padre le había dado "un ejemplar del libro para que lo leyera. Al principio, no estaba seguro de por qué lo había hecho. Pero después de leer el libro, lo imaginé. Quería que yo tuviera el mismo tipo de experiencia que él había tenido. Creo que esto lo convirtió en un mejor jefe. Pero sé que lo hizo realmente un buen padre".

Algunas personas dan con el libro cuando sus almas están, como Jill en el capítulo final, a punto de despertar: cuando las cuestiones de la identidad, la fe y la dirección se imponen con creciente urgencia. La carta de uno de estos lectores, un gerente japonés, capta de una manera poderosa y conmovedora los sentimientos que muchos otros comparten en un mundo confuso y caótico como el de hoy:

IMPRESIONES HUMILDEMENTE OFRECIDAS DE *LIDERAZGO CON ALMA*

Información personal: empleado en un puesto de gerente de una gran compañía. Edad: cuarenta y nueve años.

Mis sentimientos en estos días:
Aun cuando me han enseñado que no debería depender de las cosas, necesito aferrarme a algo. Aun cuando me han enseñado que no debería buscar ninguna forma, necesito algo que pueda ver. Aun cuando me han enseñado que el trabajo

no es todo, constantemente aspiro a tener niveles más altos de rendimiento.

Pienso que no es correcto, si no busco algo y trabajo con empeño para conseguirlo. He decidido sobre los objetivos de mi trabajo que no puedo lograr, si bien sospecho que son exagerados y extravagantes. Por consiguiente, estoy siempre cansado. Necesito un descanso.

Sin embargo, si no me estoy moviendo, con mis ojos fijos en el futuro, pienso que me perderé algo. Si trato de aliviarme y descansar, solo llego a estar mucho más tenso. Quiero sentirme bien. Aunque eso esté al alcance de mi mano, justo frente a mis ojos, no tengo la energía para aprovecharlo.

No tengo el coraje para descubrirme a mí mismo. Si me descubro, temo que seré despreciado y perderé algo. Como pensaba que era deficiente, más que los otros, siempre traté de superarme. Hoy siento que estoy en un mismo nivel con los otros dentro de la organización. Soy un gerente. Tengo algunas personas que dependen de mí. Soy un líder. Pero ahora estoy cansado y quiero relajarme. Realmente.

Quisiera dibujar el cuadro que deseo y conversar con la belleza de la naturaleza.

Qué gimoteo.

Sin embargo, siento que querría reponer un poco más de vida dentro de mí mismo. Este libro, que centró mi atención en mi descontento, fue convincente. Quiero aprender más.

Quiero comprender más profundamente la espiritualidad. Soy un hombre de cuarenta y nueve años que anhela destacarse. Este libro me puso sobre aviso.

A pesar de ello, no sé qué hacer específicamente. Necesito saberlo. Quiero conversar con alguien sobre el tema. Estas son mis impresiones. Sería maravilloso si alguien pudiera informarme.

Esta carta ilustra la mezcla de conciencia, confusión y anhelos comunes en las personas que están en el comienzo de un nuevo nivel de exploración espiritual. La reflexión del autor está llena de preguntas acerca del viaje espiritual: ¿Qué está ocurriendo realmente en mi vida? ¿Qué estoy omitiendo? ¿Hacia dónde debo ir desde aquí? ¿Cómo llegaré allí? Estas son preguntas que todos nos hacemos.

¿Cómo debo...?

¿Qué es lo que sigo omitiendo en mi viaje?
¿Qué lección no puedo ver?

El viaje interior para descubrir la esencia del espíritu nunca es fácil. Como María le dijo a Steve, no hay una hoja de ruta. A lo largo del camino, las señales y los postes indicadores proporcionan la dirección. Pero a menudo nuestra atención está tan centrada en el sitio adonde estamos tratando de ir que perdemos los pequeños e intangibles signos que podrían guiarnos hasta nuestro tesoro personal. Un viaje espiritual auténtico no es literal sino metafórico, es un descubrimiento. Como María le dijo a Steve, esto no es como un viaje a Chicago: un viaje en línea recta hasta un destino conocido. Al buscar lecciones concretas perdemos de vista lo más importante.

Si usted no está aprendiendo quizá necesite prestar más atención y aventurarse más. El viaje le dejará pocas enseñanzas, si usted nunca sale del hogar. La carta de Dan, un consultor de asistencia sanitaria en los Estados Unidos, muestra a una persona que está empezando a comprender que ha llegado el momento de ir más allá de su mundo conocido:

> Tengo un buen empleo, vivo en un barrio hermoso, y poseo un maravilloso hogar. Tengo una mujer cariñosa y dos niños adorables. El otro día, en el camino al trabajo, comprendí que mi corazón no estaba en lo que hago. Fue como si me hubiera topado contra un muro, una verdadera crisis personal. Al día siguiente, conduje hasta Atlanta para conversar con mi mejor amigo. Él me dio un ejemplar de *Liderazgo con alma*. Lo llevé a casa conmigo y lo puse sobre la mesilla de noche al costado de mi cama. A la noche siguiente, no podía conciliar el sueño y me fui al salón con el libro. Lo leí de cabo a rabo. Fue una experiencia muy conmovedora. Me levanté y me puse a caminar por la casa oscurecida. En ese momento, comprendí cuánto había perdido. Volví al dormitorio y desperté a mi mujer. Le dije, "Cariño, perdóname por no haber estado presente para ti y para

los niños. De ahora en adelante las cosas van a ser diferentes".
Al día siguiente, renuncié a mi empleo. No estoy exactamente
seguro de lo que haré. Pero un viaje inquietante parece mucho
mejor que un empleo sin sentido y una vida vacía.

Aun antes de haber leído el libro, Dan sabía que algo
iba mal. *Liderazgo con alma* confirmó su naciente intuición
de que había llegado el momento de moverse en una nueva
dirección. Dado que esto ocurrió en el instante preciso, le
ayudó a estructurar y profundizar la búsqueda que, aunque
nebulosamente, ya sabía que necesitaba emprender.

¿Dónde encuentro a una María: mi propia guía espiritual?

La respuesta más simple es buscarla y probablemente
la encontrará. Un viejo dicho budista nos dice, "Cuando el
alumno está dispuesto, el maestro aparece". ¿De qué modo
el alumno llega a estar dispuesto? Hay un proverbio que
encierra una gran verdad, "El Señor ayuda a aquellos que
se ayudan a sí mismos". Pero hay una verdad igualmente
importante en el precepto bíblico "Aquellos que sirven al
Señor renovarán su fuerza".[4] Necesitamos ser activos en la
búsqueda de un maestro, pero también debemos dejar de
lado el orgullo y las defensas que nos hacen insistir en que
somos capaces de cuidarnos y no necesitamos ayuda de nadie más. Hasta que estemos dispuestos a reconocer nuestra
debilidad, vulnerabilidad e imperfección, es improbable
que encontremos a nuestra propia María.

Una vez que nos hayamos aceptado como somos, todavía
tenemos que salir y mirar. "Pida algo, y le será dado; busque
algo, y lo encontrará; llame a la puerta, y ésta se abrirá para
usted".[5] Si usted no encuentra a su propia María donde la
ha estado buscando, amplíe sus opciones. Comprométase
en nuevas actividades o grupos. Busque el hogar espiritual
apropiado. Esto es tan simple como buscar el templo de

4. Isaías 40:31. Biblia del rey Jacobo.
5. San Mateo 7:7. Biblia, nueva versión internacional, 1984.

culto adecuado. Otras veces podría significar comprometerse en la comunidad o en actividades de beneficencia que profundicen su crecimiento y le pongan en contacto con nuevas personas. La clave radica en ser receptivo y activo. Dedique un tiempo para sí mismo y rece o medite. Además, dedique un tiempo para estar con los otros, para aprender y crecer. Ábrase a las posibilidades: los maestros y las enseñanzas abundan en la vida.

Sabemos que hay muchos guías espirituales porque los lectores nos han escrito diciendo que conocieron a una María. Estos guías tienen nombres muy diferentes, y son notablemente diversos en cuanto a la edad, la profesión, el género, y en casi todo lo demás. El reto es encontrar a alguien que se interese lo suficiente en usted y su desarrollo para estar dispuesto a ofrecer una combinación apropiada de amor y desafío. A veces dos personas pueden hacer eso por la otra, como en los matrimonios.

¿Cómo podemos llegar a ser más conscientes de los guías espirituales que entran y salen de nuestras vidas y aceptarlos en lugar de rechazarlos?

Necesitamos escuchar esas pequeñas voces que dirigen nuestra atención hacia cosas que están fuera de nuestro campo de conocimiento normal. También necesitamos prestar atención cuando las experiencias cotidianas –como las conversaciones en el trabajo, después de una comida, o en un acontecimiento social– producen ideas o imágenes que podrían conducirnos a algo importante si las seguimos. Las historias, en particular, nos ayudan a ver cosas intangibles, que de otro modo pasaríamos por alto. Una empresaria, Jackie Shrago, nos escribió para describir este discernimiento en respuesta a una historia relatada en el libro:

> La historia acerca de un arroyo en el Capítulo 4 tocó una fibra sensible que describía mi propio viaje. La empresa de la que

había sido cofundadora fue mi manantial de vida durante diez años. Encarnaba la profesión que había desarrollado, toda mi energía creativa, mi familia e incluso mi alma. Y luego vendí mi parte de la empresa y firmé un acuerdo de no competencia. De repente, con mi firma sobre esos documentos, llegué a un desierto, exactamente como el arroyo. Ya no sabía quién era. Había perdido todas las maneras de definirme a mí misma. El viento sopló, pero yo no sabía cómo renunciar a lo que había sido. Todo había desaparecido: mi profesión, mis actividades diarias, mi familia. Tenía que identificar de nuevo la esencia de mi alma y ceder al viento y al desierto para encontrarme a mí misma del otro lado. Gradualmente, mi experiencia en la tecnología, mi pasión inicial por la enseñanza y mi experiencia política durante los años del desierto surgieron y se combinaron en un nuevo manantial para crear nuevas oportunidades en el campo emergente de Internet. Cinco años más tarde, había otra vez un arroyo que fluía en mi vida, con dirección y objetivo. Sin ceder al desierto y al viento habría sido difícil, si no imposible, imaginar el nuevo comienzo, recuperar mi alma e identificar el nuevo manantial de vida. Gracias por ayudarme a expresar en palabras mi historia y mi viaje.

¿Cómo puedo usar *Liderazgo con alma* para fomentar un diálogo con amigos o compañeros de trabajo?

A menudo, los lectores preguntan cómo romper el hielo y empezar a discutir sobre el alma y el espíritu. Hay muchos caminos para iniciar una conversación más profunda, y cada grupo necesita encontrar la manera más apropiada de hacerlo. Pero hay algunas posibilidades que han surtido efecto para los autores y otros lectores:

A veces, ayuda empezar a conversar sobre otra persona. Por ejemplo, las personas que han leído *Liderazgo con alma* pueden conversar acerca de sus reacciones a la historia y a los personajes. ¿Qué partes de la historia les gustaron más? ¿Qué partes les gustaron menos? ¿Cómo reaccionaron a la actitud de Steve? ¿Cómo reaccionaron a la intervención de María? ¿Se identifican más con uno o con el otro? ¿Cuál fue la reacción de Steve cuando conoció a María? ¿Cómo respondió ella? ¿Ella fue servicial o no? Por ejemplo, ¿por qué María le dijo a Steve que se había perdido? ¿Era un consejo bueno o malo? ¿Qué sucede cuando Steve intenta seguirlo?

Al conversar sobre Steve y María, las personas naturalmente también suelen reflexionar sobre sí mismas. Las diferentes maneras de ver a los personajes y a la historia son importantes fuentes de aprendizaje, particularmente cuando las personas evitan la tentación de defender sus propias interpretaciones, e imponerlas a los otros. Por ejemplo, si una persona se siente atraída por Steve Camden pero otra lo ve como débil y confundido, probablemente las diferentes percepciones digan mucho más acerca de los dos interlocutores que sobre el personaje del libro. Ambas personas podrían aprender de un diálogo acerca de sus diferentes percepciones.

Busque maneras de usar medios expresivos o "sentimentales", como el drama, la poesía, la música y el arte. En *Liderazgo con alma*, algunos grupos se han concentrado en la poesía. Pida a las personas que elijan el poema que más les gusta. El grupo puede leer en voz alta los poemas que ha seleccionado y conversar sobre lo que expresan esos poemas. Una habitación cómoda, con velas y música de fondo puede crear un ambiente propicio.

Mostrar segmentos de vídeos o películas puede ser un buen recurso para facilitar las discusiones. Cuanto mejor o más popular sea la película, más probable será que contenga mensajes importantes acerca de la vida, el amor, el liderazgo y el viaje espiritual. Esto es válido para los éxitos de taquilla como *Avatar, Titanic, El rey león, El padrino* (I y II), y la original trilogía de *Guerra de galaxias*. También es válido para las películas ganadoras del Oscar como *El discurso del rey*, *Million dollar baby* y *El señor de los anillos*, así como para los filmes clásicos como *Es una vida maravillosa, Matar a un ruiseñor* y *Ciudadano Kane*. Las cuestiones espirituales abundan en cualquiera de las principales obras de Shakespeare, incluyendo a *Hamlet, Macbeth* y *Otelo*. Asimismo, se pueden

CONTINUACIÓN DE UN DIÁLOGO INSPIRADO

encontrar poderosas historias de liderazgo y alma en películas como *Gandhi, La lista de Schindler* y *El señor Smith va a Washington.*

La narración de cuentos es un medio poderoso. Las personas pueden crear historias acerca del viaje de su vida, centrándose en la gente, los lugares y los acontecimientos que han influido en su comprensión del liderazgo. Los grupos también pueden contar historias acerca de ellos mismos y sus situaciones, como lo hizo la organización de Steve Camden en las reuniones empresariales.

La búsqueda del alma y de un significado puede ser un esfuerzo individual o grupal. También puede ser realizado como una tarea a nivel de empresa. Una vez que Steve encontró su propio centro interno, fue capaz de ayudar a su organización a encontrar su centro espiritual. Sus esfuerzos en el liderazgo no siempre tuvieron éxito, pero a través del tiempo él inspiró a su organización a desarrollar todo su potencial. En todo el mundo y en los diferentes sectores económicos, otras búsquedas a nivel empresarial están ayudando a infundir alma en el trabajo.

Como gerente medio estoy con la soga al cuello y eso me hace retroceder si alargo demasiado el paso. ¿Cómo lidero con el alma cuando no lo siento desde arriba?

La mayoría de las personas están en el medio de uno u otro modo, lo cual hace que se sientan atrapadas. Sentimos la presión para seguir las directivas emanadas de la superioridad y asegurar que los subordinados renuentes cumplan con sus obligaciones y lleven a cabo la tarea. Es fácil sentirse como un yoyó rebotando de un modo primero y luego del otro, de acuerdo con quién esté manipulando la cuerda.

Si su lugar de trabajo o su jefe es irremediablemente insoportable, pregúntese si aguantar es realmente su mejor opción. Largarse es a menudo el primer paso para el desarrollo espiritual. Pero ningún lugar de trabajo es perfecto, y liderar con el alma ofrece una manera de evitar sentirse atrapado. Cuanto menos en contacto esté con quién es usted, qué valora y en qué cree, más vulnerable será a sentirse perdido y acosado por las presiones. Pero si usted identifica su centro espiritual y aprende a liderar desde su corazón, tiene una base sólida desde la cual puede ejercer influencia hacia arriba e inspirar a sus subordinados. Desde luego, esto no está exento de riesgo. Decir la verdad y abogar firmemente por lo que usted cree no siempre crea amigos. A veces, las personas pueden dudar que usted sea un jugador de equipo.

Pero no ceda tan fácilmente al temor de ser el chivo expiatorio. Demasiado temor y conformidad son perjudiciales para las organizaciones y las personas. En efecto, usted podría enfadar a su jefe o incluso ser despedido. Esto es alarmante en una época en que casi todos tienen amigos que han luchado para encontrar trabajo. Sin embargo, los riesgos deben ser equilibrados frente a los numerosos ejemplos de coraje e integridad, que han producido enormes dividendos en el largo plazo. Si usted lo necesita, puede encontrar un mejor empleo en otra parte. Incluso podría ser ascendido por su empleador actual. De uno u otro modo, se sentirá mejor y más realizado. Puede disfrutar del placer de haber hecho algo importante, y su integridad no se verá afectada. No es un mal legado para transmitir.

Kristen Ragusin, una consultora financiera con una de las agencias de bolsa más grandes de los Estados Unidos, ilustra elegantemente las posibilidades que surgen cuando una persona encuentra las maneras de integrar la espiritualidad con el trabajo. Cuando le preguntamos si no había un conflicto entre el objetivo de los resultados finales en su profesión y la espiritualidad, ella respondió:

> Yo no veo la vida dividida de ese modo. Mi trabajo es un viaje continuo de autodescubrimiento. No hay nada como el dinero para revelar los valores de las personas y su sentido del propósito. Mi compromiso con los clientes plantea las cuestiones

más profundas. ¿Quién soy yo? ¿Quiénes son estas personas? A menudo, vienen temerosas, excitadas, felices, culpables, todo a la vez. Pero la planificación financiera es en sí misma un proceso de autodescubrimiento: ¿dónde están sus prioridades, qué desea hacer cuando se jubile? Por lo general, las personas se sienten incómodas al saber que no son más que consumidoras del mito capitalista norteamericano. Sé que el consumismo está llenando un agujero negro interior, de modo que busco las señales de eso en sus historias. En ellas, veo la riqueza de quiénes somos, y que las cuestiones fundamentales son las mismas para todos.[6]

Ragusin reconoce que la planificación financiera concierne al dinero, pero es suficientemente inteligente para ver que también atañe a cosas aun más importantes que el dinero, "Cuando entra un nuevo cliente, simplemente pregunto: ¿Quién es esta alma? ¿Qué aprecia? Hacia allí es a donde voy y entonces el plan resulta más sencillo".[7] Además, Ragusin ha descubierto que cuanto más clara es acerca de la dimensión espiritual en su trabajo, más fácil llega a ser el trabajo en sí mismo y mayor el éxito que tiene.

Creo que el liderazgo involucra conceder dones, pero me preocupa cómo responderá la gente. ¿No hay en esto algunas tensiones?

En la concesión de dones, como en la mayor parte de las cosas interesantes en la vida, hay dilemas. Conceder autoridad crea oportunidades para que las personas pongan su firma en su trabajo, pero las prioridades individuales pueden socavar las normas de una organización. Los consumidores esperan coherencia en los bienes y servicios, y se fastidian cuando sus expectativas no se cumplen. Dar poder a las personas entraña riesgos. Siempre habrá alguien

6. Ragusin, K., citado en Housden, R.: *Sacred America: The Emerging Spirit of the People*, Nueva York, Simon & Schuster, 1999, págs. 55-56.
7. Ragusin, K. en Housden (op. cit. en nota anterior), pág. 58.

que se aproveche de ello para su beneficio personal. El don del amor se extiende al cuidado y la compasión, ¿pero qué hace usted cuando necesita tomar decisiones difíciles que afectarán las vidas y el sustento de las personas? Tratar de crear una organización que infunda un profundo sentido de la significación en el trabajo es imposible con el cinismo extendido en estos días. Las personas pueden interpretar el don de la significación como otra forma de manipulación de la gerencia. Steve Camden experimentó directamente muchos de estos dilemas, a veces dolorosamente. Las enseñanzas de María ayudaron, pero la clave fue que Steve siguió probando y aprendiendo de sus errores.

Es importante reconocer los riesgos y dilemas porque entonces es menos probable que nos alarmemos o desalentemos si tropezamos con ellos ocasionalmente. Sin duda, fracasaremos si nuestros dones son poco auténticos o entusiastas. Pero a medida que continuamos nuestro viaje espiritual, adquirimos nuevos dones e incrementamos nuestra capacidad de dar a los otros. Cuando desarrollamos nuestra propia fe, comprendemos aun más profundamente que necesitamos ofrecer nuestros dones a los otros por su bien, así como por el nuestro.

¿Cómo se lidera a los empleados difíciles?

El liderazgo sería más fácil si todos a nuestro alrededor fueran cooperativos, y trabajaran con optimismo y alegría. Pero la mayoría de los lugares de trabajo tienen al menos algunas personas que parecen ser casi imposibles de liderar. Cuando nos encontramos con personas difíciles, podemos suponer que el problema es de ellas. Pero a menudo ocurre que los empleados que parecen difíciles tienen problemas con su situación laboral. En lugar de culpar a las personas, es más productivo preguntar qué factores en su entorno pueden estar causándoles problemas. Aquí es donde los dones del liderazgo pueden ayudar. A veces, los empleados difíciles creen que nadie se preocupa realmente por ellos, y quizá no comprendan que sus acciones son las que mantienen distanciados a los otros. En estos casos, incluso la dosis más modesta de atención y compasión puede producir un cambio sorprendente.

Otras veces, las personas no tienen un verdadero sentido del logro, de ver cómo sus esfuerzos producen algo de lo que pueden estar orgullosas. Muchos empleadores progresistas han descubierto que dar más oportunidades de autoridad puede transformar a los quejosos en trabajadores comprometidos. Todos hemos oído que el poder corrompe, pero la impotencia es aun más corrosiva. Las personas que se sienten impotentes son casi siempre más negligentes que las que tienen poder. Compartir el poder hace saber a la gente que puede tener alguna influencia en mejorar el ambiente de trabajo. También es probable que las personas sean problemáticas cuando sienten que su vida y su trabajo no tienen un verdadero significado. Aquí es donde el don de la significación puede cumplir un papel mágico. Incluso el empleado más descontento puede estar dispuesto a lograr algo que tenga sentido, o quizá se quede cautivado por el espíritu de un ritual, una ceremonia o una historia auténtica. De modo que la próxima vez que usted califique a alguien de difícil mire a su alrededor y busque en el espejo la causa de origen.

¿La educación rigurosa, con una orientación científica a los hechos, ha creado una cohorte de estudiantes que simplemente no comprenden ni se identifican con el lenguaje del alma y el espíritu?

Rasque un poco por debajo de su barniz de seguridad y racionalidad, y descubrirá que muchos de los estudiantes actuales están buscando vidas más significativas, profundas y satisfactorias. Un estudio reciente reveló que los estudiantes universitarios han llegado a estar más interesados en las cuestiones espirituales, aun cuando las universidades pocas veces usan algunos de los medios más poderosos para fomentar el desarrollo espiritual, como la meditación y la introspección. Los viajes espirituales de los estudiantes a menudo son solitarios, y pocas veces se comparten porque muchos jóvenes creen que deben ocultar su búsqueda personal a los otros. Sin embargo, cuando se les da la oportunidad de quitarse sus máscaras y compartir sus pasiones, inquietudes y pensamientos profundos con los otros, disfrutan de la conexión.

¿Pero cuándo tienen generalmente la oportunidad? Pocas veces en las aulas. A veces, en algunas compañías progresistas y más a menudo en escenarios más informales: equipos deportivos, clubes y asociaciones estudiantiles, o incluso pandillas. La buena educación requiere equilibrar la mente y el alma, la cabeza y el corazón. Un aula es un buen lugar para iniciar la búsqueda de una vida más satisfactoria para los estudiantes.

Difundir el espíritu

Dado el uso cada vez más común de los trabajadores temporales para reducir los costes y aumentar la flexibilidad, ¿de qué modo los líderes inspirados pueden incorporar al redil a esos empleados de corto plazo?

Aquí parte de la respuesta es ser extremadamente honesto acerca de la naturaleza de la relación. Quizá no sea un matrimonio a largo plazo, pero puede ser un idilio a corto plazo mutuamente gratificante. El experto en dirección de empresas Robert Waterman ha caracterizado la moderna relación empleado-empleador como una en la cual el jefe promete un salario justo, un empleo satisfactorio, la mejor formación posible y respeto. El empleado retribuye con un gran esfuerzo, un alto compromiso y una lealtad temporal. Cuando la relación termina se hace idealmente con el cuidado, la compasión y la certeza de que el trabajador encontrará un empleo en otro lugar, y que el empleador no tendrá que preocuparse por la caza encubierta de clientes ni el comercio de secretos competitivos.[8] En un contexto de crisis económica, la realidad a menudo no llega a ese ideal.

El escritor y ganador del Premio Pulitzer 1981, Tracy Kidder, ha descrito de qué modo los trabajadores y jefes pusieron el corazón y el alma en el desarrollo de un nuevo ordenador. Al final, las personas tomaron caminos separados, pero se llevaron consigo el orgullo de haber realizado una difícil tarea y la promesa de una relación que duraría toda una vida. Como comentó Dan West, uno de los líderes del grupo: "Fue un idilio de verano. Pero fue maravilloso. Los idilios de verano son una de las mejores cosas que siempre ocurren."[9]

¿De qué modo los líderes educativos ayudan a los maestros a creer en su potencial y su capacidad para cambiar?

Hemos oído decir a los maestros y directores de escuela hasta qué punto es difícil mantener la fe ante los retos casi abrumadores y el escaso apoyo del público. Muy a menudo se les dice a los maestros que las calificaciones de los exámenes son la única medida importante de su eficacia, y que el contenido transmitido es mucho más importante que quiénes son. Pero muchos de nosotros hemos tenido un maestro en algún lugar a lo largo de nuestra vida que ha hecho una contribución profunda y positiva. Puede ser que recordemos o que hayamos olvidado gran parte de la información que los maestros nos han transmitido, pero recordamos a un ser humano comprometido que eligió invertir en nuestro aprendizaje. Como observó el citado escritor

---

8. Waterman, R. H.: *What America Does Best: Learning from Companies That Put People First*, Nueva York, Norton, 1994.
9. Kidder, T.: *Soul of a New Machine*, Boston, Back Bay Books, 2000, pág. 287.

Tracy Kidder:

> Por lo general, los maestros no tienen manera de saber si han sido importantes en la vida de un niño, aun cuando hayan hecho algo significativo. Pero con los niños que suelen considerarse lerdos o con los que no vale la pena conversar o merecen reprimendas y castigos, un buen maestro puede proporcionar una revelación asombrosa. Un buen maestro puede dar a un niño al menos una posibilidad de sentir "Él piensa que valgo, quizá sea así". Los buenos maestros tienden puentes para que los niños atraviesen el río, y a través de los años, redirigen cientos de vidas. Muchas personas suelen imaginar que hay redes invisibles de conspiración malévola en el mundo, y no siempre se equivocan. Pero también hay una inocencia que conspira para mantener unida a la humanidad, y está formada por personas que quizá nunca sepan el bien que han hecho.[10]

Los líderes pueden ayudar a los maestros a reconocer y apreciar el bien que hacen. De hecho, este es un problema no sólo para los maestros, sino también para muchos otros trabajadores que se preguntan si están haciendo algo de valor, o si su trabajo es realmente importante. Estos son esencialmente problemas de significación. El reto para los líderes es ir más allá de un enfoque cotidiano de los problemas y crisis de la gestión, y concentrarse en el propósito más amplio del trabajo y de la institución en la cual se lleva a cabo ese trabajo. Los presupuestos deben ser equilibrados, pero ésa es la parte fácil de ser un gerente o un maestro de escuela. La tarea más profunda y más importante es prestar una atención apasionada e insistente a la misión y el propósito, procurando ofrecer el don de la significación a los alumnos o empleados propios.

¿Ustedes están actualmente involucrados en los programas de espiritualidad?
Nosotros ofrecemos seminarios y cursos prácticos que

---

10. Kidder, K.: *Among Schoolchildren*, Nueva York, Haper-Collins, 1990, pág. 313.

reflejan las ideas extraídas de este libro, pero somos solo una pequeña parte de un movimiento mucho más amplio. Muchas personas y organizaciones están comprometidas en actividades destinadas a introducir el alma y el espíritu en el trabajo. El Centro Robert K. Greenleaf en Indianápolis tiene un programa activo sobre liderazgo servicial, que considera seriamente la dimensión espiritual en las organizaciones. Hay un gran número de conferencias y talleres que exploran las cuestiones de la espiritualidad en el trabajo, y muchas organizaciones están desarrollando sus propios programas internos para abordar la dimensión espiritual. El príncipe Felipe de Liechtenstein, presidente de Liechtenstein Global Trust, creó una academia de liderazgo para su grupo internacional de gerentes financieros. Durante tres semanas, los participantes crearon arte, recibieron lecciones de aikido, aprendieron a hacer malabarismos y tomaron parte en un conjunto enriquecedor de experiencias expresivas. El príncipe Felipe nos dijo, "Yo ya tengo muy buenos gerentes. Pero en el mundo actual nuestra compañía necesita líderes realmente buenos. Para liderar usted tiene que estar en contacto con su corazón y su alma". Nosotros creemos que en el futuro el mundo empresarial tendrá más programas como éste.

¿Han pensado en reunir a un grupo de personas para compartir historias sobre sus viajes y experiencias personales en el trabajo?

Sí, y también lo han hecho muchos otros. Desde que se publicó *Liderazgo con alma*, hemos encontrado ocasiones para que las personas compartan historias acerca de sus viajes personales o sobre las alegrías y las pruebas, los altibajos de la vida en el trabajo. La energía, el humor y la perspicacia que esos eventos generan nos ofrecen un deleite constante. Se ha dicho que Dios creó a los seres humanos porque le gustan las historias. Nuestras experiencias muestran que eso es cierto.

LECTURAS RECOMENDADAS

Al-Suhrawardy, A.S.A.: *The Sayings of Muhammad*. Tuttle, Boston, 1992.

Armstrong, K.: *A History of God*. Knopf, New York, 1993.

Autry, J. A.: *Love and Profit: The Art of Caring Leadership*. Morrow, New York, 1991.

Berman, P. L.: *The Courage of Conviction*. Ballantine, New York, 1985.

Berman, P. L.: *The Search for Meaning: Americans Talk About What They Believe and Why*. Ballantine, New York, 1990.

Campbell, J.: *Hero with a Thousand Faces*. World, New York, 1956.

Campbell, J. (con B. Moyers): *The Power of Myth*. Doubleday, New York, 1988.

Cleary, T.: *The Essential Tao: An Initiation into the Heart of Taosim*. Harper-San Francisco, San Francisco, 1991.

Coelho, P.: *El alquimista*. Planeta, Barcelona, 2002.

Cox, H.: *The Feast of Fools*. Harvard University Press, Cambridge, Massachusetts, 1969.

Estés, C. P.: *The Gift of Story*. Ballantine, New York, 1993.

Greenleaf, R.: "The Leader as Servant". In C. Whitmyer (ed.), *In the Company of Others*. Putnam, New York, 1993.

Griffin, E.: *The Reflective Executive: A Sprirituality of Business and Enterprise*. Crossroad, New York, 1993.

Hammerschlag, C. A.: *The Theft of the Spirit*. Simon & Schuster, New York, 1993.

Harvey, A.: *Speaking Flame: Rumi*. Meeramma, Ithaca, New York, 1989.

Harvey, A.: *The Way of Passion*. Frog, Ltd., Berkeley, California, 1994.

Hawking, S.: *Black Holes and Baby Universes*. Bantam, New York, 1993.

Hawley, J.: *Reawakening the Spirit in Work: The Power of Dharmic Management*. Berrett-Koehler, San Francisco, 1993.

Heider, J.: *The Tao of Leadership: Leadership Strategies for a New Age*. Bantam, New York, 1986.

James, J.: "African Philosophy, Theory and Living Thinkers." In J. James and R. Farmer (eds.), *Spirit, Space and Survival: African American Women in (White) Academe*. Routledge, New York, 1993.

Kaplan, A.: *Jewish Meditation: A Practical Guide*. Schocken, New York, 1985.

Katz, D.: *Just Do It: The Nike Spirit in the Corporate World*. Random House, New York, 1994.

Kidder, T.: *The Soul of a New Machine*. Little Brown, Boston, 1981.

Kipnis, A. R.: *Knights Without Armor*. Tarcher/Perigree, New York, 1991.

Kurtz, E., and Ketcham, K.: *The Spirituality of Imperfection: Modern Wisdom from Classic Stories*. Bantam, New York, 1992.

Kushner, H.: *Who Needs God*. Summit, New York, 1989.

Lager, F.: *Ben and Jerry's: The Inside Scoop*. Crown Publishers, New York, 1994.

Langer, S. K.: *Philosophy in a New Key*. Harvard University Press, Cambridge, Massachusetts, 1951.

May, R.: *The Cry for Myth*. Dell, New York, 1991.

Mitchell, S. (ed.): *The Enlightened Heart: An Anthology of Sacred Poetry*. HarperCollins, New York, 1989.

Moore, T. (ed.): *A Blue Fire: Selected Writings by James Hillman*. HarperCollins, New York, 1991.

Moore, T.: *Care of the Saul: A Guide for Cultivating Depth and Sacredness in Everyday Life*. HarperCollins, New York, 1991.

Moyne, J. and Barks, C.: *Open Secret: Versions of Rumi*. Threshold Books, Putney, Vermont, 1984.

Needleman, J.: *Money and the Meaning of Life*. Doubleday, New York, 1991.

Nuland, S. B.: *How We Die*. Knopf, New York, 1994.

Owen, H.: *Spirit: Transformation and Development in Organization*. Abbott, Potomac, Maryland, 1987.

Pearson, C.: *Awakening the Heroes Within*. Harper-San Francisco, San Francisco, 1991.

Peck, M. S.: *The Different Drum: Community Making and Peace*. Simon and Schuster, New York, 1987.

Peck, M. S.: "The Fallacy of Rugged Individualism". In C. Whitmyer (ed.), *In the Company of Others*. Putnam, New York, 1993.

Purucker, G. de: *Wind of the Spirit*. Theosophical University Press, Pasadena, Caliornia, 1984.

Shah, I.: *Tales of the Dervishes*. Dutton, New York, 1969.

Starhawk: "Celebration: The Spirit of Community". En C. Whitmyer (ed.), *In the Company of Others*. Putnam, New York, 1993.

Terry, R. W.: *Authentic Leadership: Courage in Action*. Jossey-Bass, San Francisco, 1993.

Watts, A. W.: *The Spirit of Zen: A Way of Life, Work and Art in the Far East*. Tutle, Boston, 1992.

Whitmyer, C. (ed.): *In the Company of Others*. Putnam, New York, 1993.

Whyte, D.: *The Heart Aroused: Poetry and the Preservation of the Soul in Corporate America*. Putnam, New York, 1994.

AGRADECIMIENTOS

Desde nuestro primer encuentro hasta la producción de esta edición revisada de *Liderazgo con alma,* nuestro viaje mutuo ha sido más una serie de giros casuales del destino que un camino simple y lineal. Esto empezó hace más de treinta años cuando los dos autores dimos un curso en la Escuela de Graduados de Harvard. Estábamos en discordancia –un psicólogo graduado en Yale trabajando en equipo con un sociólogo formado en Stanford. La competencia intelectual prevaleció en la primera fase, pero finalmente encontramos maneras de combinar nuestras diversas perspectivas y crear un punto de vista multifacético sobre las organizaciones– con las cuatro estructuras que describimos en nuestro libro *Reframing Organizations.*

La primera exploración en el aspecto cognitivo del liderazgo se profundizó durante una conversación en un almuerzo con nuestros amigos en Jossey-Bass. Como describimos en el libro, en esa reunión nos comprometimos a escribir un ensayo sobre el espíritu humano. Esta dirección no la había previsto ninguno de nosotros. Una vez embarcados en el proyecto, descubrimos que era más difícil y más gratificante de lo que habíamos imaginado. Pasamos incontables horas explorando un terreno literario desconocido y experimentando con nuevas maneras de escribir. Examinamos profundamente nuestras vidas espirituales individuales y compartidas. Nuestro viaje continúa para profundizar nuestra comprensión de los tesoros más importantes de la vida. Esperamos que esta nueva edición aliente a los lectores a comprender y explorar el misterio y la magia de la vida, a conocer las profundidades del alma y los puntos culminantes del espíritu, y a ver la vida como un don y el liderazgo como el acto de dar desde el corazón.

En nuestro viaje, hemos recibido consejos, asesoramiento, ideas, aliento e inspiración de, literalmente, miles de personas. Los límites del espacio y de la memoria nos impiden nombrarlas a todas ellas, pero somos muy conscientes de la magnitud de nuestra deuda con todos los que nos han ayudado a perseverar y aprender. No lo podríamos haber hecho sin su ayuda.

Quisiéramos agradecer a nuestros amigos de Jossey-Bass. Lynn Luckow, Bill Hicks, Cedric Crocker, Kathy Vian, Lisa Shannon, Terry Armstrong Welch y Lasell Whipple quienes hicieron contribuciones significativas a la primera edición. Nuestra editora de larga data, Kathe Sweeney y su talentoso equipo, que incluye a Mary Garrett, Dani Scoville y Kristen Wiersma, han proporcionado un apoyo y asistencia indispensables para esta nueva edición. Hemos tenido la suerte de trabajar con Jeff Leeson, un perspicaz y talentoso socio editorial que contribuyó sustancialmente a la calidad de esta edición. También nos hemos beneficiado nuevamente con las excelentes habilidades de corrección de originales de Hilary Powers. El libro terminado es nuestra progenie, pero su ayuda para cumplir con el plazo de entrega fue invalorable.

También continuamos en deuda con una serie de amigos y colegas que nos ayudaron con nuestras ediciones anteriores. Ellos incluyen a Pam Hawkins, Robert Crowson, Tom Johnson, Linda Corey, Donna Culver, Linda French, Rich Davis, Mark Kriger, Bowen White, Susan Sonnenday Vogel, Lovett Weems. John Weston, Joseph Hough, Cheryl Lison, Gerry Di Nardo, Brad Bates, Teddy Bart, Casey Baylas, Brad Gray, y el fallecido Edward Smith.

Asimismo, deseamos agradecer a las numerosas personas que han contribuido al desarrollo de esta edición. Agradecemos a todos los lectores que escriben para hacernos preguntas, comparten experiencias e ideas y nos alientan. Cliff Baden, Margaret Benefiel, Sharon Blevins, Ellen Castro, Jim Clawson, John Jacobson, Bob Marx, Phil Mirvis, Judy Neal, Lee Robbins y Peter Vaill están entre los colegas que comparten un compromiso profundo con la comprensión del espíritu en el trabajo y nos han ayudado de múltiples maneras. Estamos particularmente en deuda con el fallecido Peter Frost por su aliento y estímulo.

Lee G. Bolman expresa su gratitud a sus colegas de la Bloch School en la Universidad de Missouri-Kansas, y da las gracias a Nancy Day, Doranne Hudson, David Renz y Marilyn Taylor. Además, agradece la invalorable ayuda de Sandy Bretz y Bruce Kay. Y continúa apreciando el apoyo personal y espiritual ofrecido por todos los miembros del Brookline Group: Dave Brown, Tim Hall, Todd Jick, Bill Kahn, Phil Mirvis, y Barry Oshry.

El traslado de Terrence E. Deal de la Universidad Vanderbilt a la Rossier School de la Universidad de Carolina del Sur (UCS) añadió nuevos colegas, como Gib Hentschke, Stu Gothold, y Carl Cohn. Warren Bennis de la Marshall School de la UCS continúa siendo un sabio consejero y un amigo apreciado.

John Vydra, un director de escuela jubilado en Illinois, profundizó nuestro conocimiento mediante historias y vídeos. Joe Condon, Dorinda Dee y Frank Noyes (todos ex maestros del Distrito Escolar Lawndale) proporcionaron un excelente ejemplo de cuánto beneficia liderar con el alma. La nueva inspectora del distrito, Ellen Dougherty, recoge las historias allí donde se producen.

Homa Aminmadani, que sirvió fielmente a Terrence mientras él estaba trabajando, ahora pasa tanto tiempo como sea posible en los Países Bajos con sus nietos. Su amistad continua es profundamente apreciada.

Todos nuestros hijos han contribuido a nuestros viajes espirituales, individuales y compartidos. Janie Deal, ahora jefa de cocina en Twin Falls, Idaho, ejemplifica en su carrera el tipo de coraje y creatividad sobre el que hemos escrito. Los hijos de Lee G. Bolman –Edward, Shelley, Lori, Scott, Christopher y Bradley– y sus nietos –James, Jazmyne, y Foster– han enriquecido su vida y han contribuido a su aprendizaje.

Nuestras esposas, Sandy Deal y Joan Gallos, siguen desempeñando un papel integral en nuestras vidas y nuestro trabajo. Como siempre, Joan y Sandy proporcionan un ambiente de amor y apoyo, entremezclado con dosis apropiadas de preguntas exploratorias y críticas bien merecidas, que han hecho posible que valga la pena seguir adelante con nuestro proyecto. Los generosos comentarios y sugerencias de Joan sobre el manuscrito han sido invalorables.

Nuestra búsqueda de fuentes tradicionales de conocimiento espiritual aportó una nueva valoración de todo lo que nuestros padres hicieron por nosotros y nuestro trabajo. Florence y Eldred Bolman y Robert y Dorothy Deal nos ayudaron al principio de nuestras vidas a desarrollar una valoración del mundo espiritual. Aunque quizá haya pasado más tiempo del que esperaban para ver madurar los frutos de su labor, su influencia es evidente en toda esta obra.

ACERCA DE LOS AUTORES

Lee G. Bolman es autor, profesor y consultor. Su primer trabajo sobre el liderazgo organizacional despertó su interés en los fundamentos espirituales de la vida en el trabajo. Nacido en Brooklin, Nueva York, de padres originarios del oeste medio, desde entonces Bolman ha vivido física y espiritualmente entre el este y el oeste de los Estados Unidos. Obtuvo un título de licenciado en historia y un grado de doctor en conducta organizacional en la Universidad de Yale. En la actualidad, ocupa la cátedra Marion Bloch/Missouri de Liderazgo en la Universidad de Missouri-Kansas. Ha sido consultor de corporaciones, organismos públicos, universidades y escuelas públicas de todo el mundo, aunque generalmente prefiere permanecer en el hogar con su familia o hacer senderismo de montaña.

Bolman vive en la ciudad de Kansas, Missouri, con su mujer, Joan Gallos. Es coautor, con Terrence Deal de numerosos libros que incluyen *Escape from Cluelessness: A Guide for the Organizationally Challenged* (2000), y *The Wizard and the Warrior: Leading with Passion and Power* (2006).

Terrence E. Deal es autor, profesor y consultor. Su fascinación con el aspecto simbólico de las organizaciones modernas lo indujo a escribir *Corporate Cultures* (1983) con A. A. Kennedy, un libro que tuvo gran éxito de ventas. Sus publicaciones más recientes incluyen *Corporate Celebrations* y *The New Corporate Cultures*. Sus exploraciones del mundo del espíritu evolucionaron desde su temprano interés en el papel que desempeñan los símbolos en las organizaciones contemporáneas. Deal obtuvo un título de licenciado en historia de la Universidad de La Verne, un máster en administración educativa de la Universidad del Estado de California, en Los Ángeles, y un grado de doctor en educación y sociología de la Universidad Standford. Terminó su carrera académica como profesor de Educación en la Rossier School de la Universidad de California del Sur. Es consultor de empresas, instituciones médicas y organizaciones militares, educativas y religiosas, tanto dentro como fuera de los Estados Unidos.

Vive con su mujer, Sandy, y su gato, Max, entre viñedos y rebaños de ganado vacuno en la ladera de una colina en San Luis Obispo, California. Es coautor con Lee Bolman de libros tales como *Reframing Organizations: Artistry, Choice and Leadership* (1997) y *Reframing the Path to School Leadership* (2010).

www.ingramcontent.com/pod-product-compliance
Lightning Source LLC
Chambersburg PA
CBHW070514200326
41519CB00013B/2808